Los matrimonios de conveniencia

Ciencias Jurídicas y Sociales
Ciencias de la Salud
Ciencias Experimentales y Tecnología
Ingeniería y Arquitectura
Arte y Humanidades

La autora de esta obra es profesora de la Universidad Rey Juan Carlos

Los matrimonios de conveniencia

Vanessa García Herrera

Editorial DYKINSON, S.L. Meléndez Valdés, 61 - 28015 Madrid
Teléfono (+34) 91 544 28 46 - (+34) 91 544 28 69
e-mail: info@dykinson.com
http://www.dykinson.es
http://www.dykinson.com
Consejo Editorial véase www.dykinson.com/quienessomos

ISBN: 978-84-9085-969-8
Depósito Legal: M-36546-2016

Preimpresión por:
David Gil Merino
Paula Muñoz Clavería

Impresión:
Safekat, S.L.

"A mis padres, José María y Charo,
porque sin ellos nada sería posible"

ÍNDICE

PRÓLOGO

El recurso a los matrimonios de conveniencia, con el fin de beneficiarse de las consecuencias legales de la institución matrimonial en claro fraude de ley, es cada vez más frecuente, a la vez que preocupante, no solo en el Estado español, sino en todos los países comunitarios.

La presente monografía persigue principalmente la finalidad de poner orden y sistema en una materia de rigurosa actualidad, que, hasta hace unos años, se ha venido caracterizando por la ausencia de criterios legales que permitieran detectar la existencia de un matrimonio de conveniencia.

El trabajo de la profesora García Herrera se articula en ocho capítulos. En el primero se ocupa de delimitar la problemática que presentan los matrimonios de conveniencia y de abordar tanto la dimensión nacional como internacional del fenómeno, utilizando para ello el escaso marco jurídico existente sobre la materia.

El segundo capítulo se dedica al estudio del concepto de matrimonio de conveniencia, que se vincula con la concurrencia de dos elementos necesarios: la ausencia de consentimiento matrimonial y la presencia de algún elemento de extranjería. Dentro de este capítulo se plantea, además, la delimitación del matrimonio examinado dentro de las distintas hipótesis posibles de matrimonio nulo por ausencia de consentimiento matrimonial.

En el capítulo tercero se abordan los fines propios del matrimonio de conveniencia. En este ámbito se analizan con detenimiento, en primer lugar, los fines perseguidos por el contrayente extranjero, que pueden resumirse en los siguientes: la adquisición de modo acelerado de la nacionalidad española, la obtención de un permiso de residencia en España y la reagrupación familiar. A continuación, se estudian los fines perseguidos por el otro contrayente que, a su vez, pueden obedecer a distintas motivaciones: económicas, humanitarias o emocionales.

En el capítulo cuarto se plantea cuál ha de ser el tratamiento jurídico de estos matrimonios que, en cualquier caso, debe conjugar dos elementos: la lucha contra estos falsos matrimonios y el respeto al *ius connubii*. Sólo si resulta posible demostrar la intención fraudulenta de los contrayentes, podrá denegarse la celebración del matrimonio o su inscripción en el Registro Civil. Ahora bien, como defiende la autora, ante la duda debe prevalecer el *ius connubii*.

Dentro de este capítulo, puesto que la presencia de un elemento extranjero es requisito necesario para que pueda estarse ante un matrimonio de conveniencia, se analiza su tratamiento jurídico desde la perspectiva del Derecho Internacional Privado que alcanza diversos aspectos: la Ley aplicable al consentimiento matrimonial, el control del fraude que comprende medidas de control preventivo y medidas de control represivo, y, por último, la prueba de la simulación. Todos estos aspectos son objeto de un profundo y detallado estudio no exento de complicaciones ante la ausencia de una regulación unitaria y completa en el marco del Derecho internacional Privado.

En el capítulo quinto la profesora García Herrera realiza un detenido estudio de las distintas vías que se vienen utilizando para eludir las medidas de control estatal dirigidas a evitar los matrimonios de conveniencia: los matrimonios celebrados en forma religiosa y las uniones de hecho.

A continuación, en el capítulo sexto se analizan las consecuencias de la celebración de un matrimonio de conveniencia en los distintos órdenes: civil, registral, administrativo e, incluso, penal cuando dicho matrimonio esté conectado a determinados delitos.

Por último, en el capítulo séptimo la autora propone una serie de reformas legislativas razonadas y fundamentadas, dirigidas a la detección del fraude y, por tanto, a la erradicación de este tipo de matrimonios que siguen siendo en la actualidad un fenómeno en auge.

De lo anteriormente expuesto se deduce que la profesora García Herrera ha empleado en la elaboración del estudio que ahora nos ofrece una sistemática meditada y rigurosa. Se trata, sin duda, de una monografía de obligada consulta por la amplia y minuciosa visión que proporciona de los matrimonios de conveniencia, y, fundamentalmente, por las continuas aportaciones personales que ofrece su autora en sus pronunciamientos en torno a las cuestiones de muy diversa índole que el tema suscita.

Teresa Echevarría de Rada
Profesora Titular de Derecho Civil
Universidad Rey Juan Carlos

CAPÍTULO I. LA PROBLEMÁTICA DE LOS MATRIMONIOS DE CONVENIENCIA. DIMENSIÓN NACIONAL E INTERNACIONAL DEL FENÓMENO

El problema de los matrimonios de conveniencia –también llamados matrimonios de complacencia y matrimonios blancos (mariage blanc) en la terminología francesa– es un fenómeno muy común en aquellos países que se hallan sometidos a una fuerte inmigración[1].

No es de extrañar que el extranjero que decide establecerse en España quiera garantizar su estancia y permanencia en el territorio y lograr una asimilación a los nacionales. Tal asimilación no planteará problemas cuando se consiga mediante el cumplimiento de los presupuestos exigidos al efecto por las normas sobre nacionalidad y extranjería. Mas en la práctica no es inusual la instrumentalización de la institución matrimonial a tales efectos, beneficiándose de este modo el extranjero de las ventajas que, en los ámbitos de la nacionalidad y de la extranjería, se reconocen a los cónyuges extranjeros de nacionales españoles o de extranjeros residentes en España. Esta vía de asimilación a los nacionales constituye un fraude de ley a las normas sobre nacionalidad y extranjería y fomenta el fenómeno de la inmigración ilegal, ya que favorece o propicia la entrada en España de sujetos que evitan las restricciones de entrada y residencia fijadas en aquella normativa administrativa[2].

1 En este sentido RRDGRN 9 de octubre de 1993 y 30 de mayo de 1995.

2 De acuerdo con reiterada Jurisprudencia, puede calificarse como "fraude de ley" toda aquella actividad tendente a inutilizar la finalidad práctica de una ley material, mediante la utilización de otra

Se habla entonces de matrimonios de conveniencia, de complacencia o blancos, que son aquellos cuyo objetivo no es el de fundar una familia –fin propio y específico de la institución matrimonial y que debe constituir el objeto del consentimiento matrimonial–, sino el de beneficiarse de las consecuencias legales de la institución matrimonial en claro fraude de ley.

La referida instrumentalización del matrimonio experimenta un notable incremento cuantitativo en momentos de crisis económica y consecuente índice elevado de paro, en los que en general los rasgos de la política migratoria se concretan en la estabilización y restricción de nuevas entradas y movimientos intracomunitarios que determinan, a su vez, la incorporación de normas de extranjería de naturaleza restrictiva[3]. El matrimonio se concibe, en este contexto, como una vía rápida de adquisición de la nacionalidad española o de evitar la expulsión del país.

Debe advertirse que no es éste un fenómeno aislado que preocupe únicamente al Estado español; antes al contrario, es una cuestión que afecta a todos los países Comunitarios, habida cuenta de que las ventajas que reportan estos matrimonios permiten al extranjero beneficiario moverse con absoluta libertad por los demás Estados Miembros. En efecto, la obtención, en un país Comunitario, de un permiso de residencia, habilita a su beneficiario para trasladarse y moverse libremente por los restantes.

La preocupación por la extensión de este fenómeno motivó que en el año 1995 la Dirección General de los Registros y del Notariado aprobara la Instrucción de 9 de enero *sobre el expediente previo al matrimonio cuando uno de los contrayentes está domiciliado en el extranjero*[4], a través de la cual se da una mayor publicidad a ciertas

---

que sirve de cobertura para ello (SSTS 14-2-1986 y 12-11-1988), llegándose al extremo de manifestar que el fraude de ley exige una serie de actos que, pese a su apariencia legal, vinculan el contenido ético de un precepto legal (STS 26-5-1989), dando lugar a un resultado prohibido o no querido por el Ordenamiento jurídico. Para que se pueda hablar de fraude es imprescindible que la utilización de determinada norma del Ordenamiento jurídico persiga, pretenda o muestre el propósito de eludir otra norma del propio Ordenamiento (STS 6-2-2003); y en la entraña y en la propia apariencia del fraude de ley está la creación de una apariencia de realidad con el propósito torticero de obtener de ella unas consecuencias que la auténtica realidad, no aparente, sino deliberadamente encubierta, no permitirían (STS 5-12-1991). O lo que es igual, el fraude de ley que define el artículo 6.4 del Código civil es una conducta intencional de utilización desviada de una norma del Ordenamiento jurídico para la cobertura de un resultado antijurídico que no debe ser confundida con la mera infracción o incumplimiento de una norma, o con una posible elección errónea del tipo contractual que corresponde a un determinado propósito negocial (*Vide* SAP Zamora 18/2015 de 5-2-2015, rec. 8/2015).

3 *Vide* ÁLVAREZ RODRÍGUEZ, A.: *Matrimonios mixtos simulados: mecanismos de sanción*, Boletín de los Colegios de Abogados de Aragón, año XXXV, nº 136, 1995.

4 BOE núm. 21, de 25 de enero de 1995, pp. 2316 y 2317.

normas del Reglamento del Registro Civil[5] y al artículo 55 del Código civil[6], con la clara intención, no de coartar el derecho a contraer matrimonio, que es un derecho fundamental de la persona (ya sea nacional o extranjera), sino de «encarecer a los encargados de los Registros Civiles que, sin mengua de la presunción general de buena fe, se cercioren de la veracidad del consentimiento de los contrayentes dentro de las posibilidades que ofrece la regulación actual del expediente previo». Se insta a los Encargados de los Registros Civiles a que, en la tramitación del expediente previo a la celebración del matrimonio –que plantea, se reconoce, algunas dificultades prácticas en los casos en que un español domiciliado en España pretende contraer matrimonio con un extranjero domiciliado fuera de España–, extremen las garantías, formales y materiales, para llegar a la convicción de que los interesados intentan realmente fundar una familia y que su propósito no es simplemente, en claro fraude de ley, el de beneficiarse de las consecuencias legales de la institución matrimonial sobre la base de un matrimonio nulo por simulación debido a la ausencia de un verdadero consentimiento matrimonial. Se reconoce de esta forma la conveniencia de abordar la cuestión *a priori*, es decir, de adoptar las medidas oportunas para evitar la celebración de este tipo de enlaces. No obstante, se subraya igualmente que si a pesar de ello estos matrimonios llegaran a celebrarse, podrán corregirse *a posteriori* por medio de la acción judicial que puede ejercitar el Ministerio Fiscal en base a los artículos 73.1 y 74 del Código civil.

En este orden de cosas, la Circular 1/2002, de 19 de febrero, *sobre aspectos civiles, penales y contencioso-administrativos de la intervención del Fiscal en materia de extranjería*, que establece criterios interpretativos que deben guiar la actividad del Ministerio Fiscal respecto a los extranjeros en España, interesa a los Fiscales a que «extremen su celo, cuando existan datos objetivos que permitan sospechar que se trata de un matrimonio simulado, para impedir la celebración de estos matrimonios de complacencia, lo que exigirá un riguroso examen de la concurrencia de los requisitos esenciales para contraer matrimonio durante la tramitación del expediente en el Registro Civil; en particular, a través del trámite de audiencia reservada y por separado de ambos cónyuges. Asimismo, cuando por cualquier medio se tenga conocimiento *a posteriori* de la celebración o existencia de uno de estos matrimonios simulados, los Sres. Fiscales deberán ejercitar la acción de nulidad, a fin de evitar que los efectos jurídicos que nuestro ordenamiento vincula a la celebración del matrimonio –en atención al carácter fundamental que esta institución desempeña en la

---

5 Se otorga una mayor publicidad a los artículos 238, respecto del Encargado competente para instruir el expediente previo al matrimonio, 240 y 242, sobre ratificación por ambos contrayentes del escrito inicial, 241 a 247, en orden a la audiencia reservada y por separado, y 252, en cuanto a la necesidad de expedición del certificado de capacidad matrimonial.

6 Que permite el matrimonio por poder.

sociedad– se apliquen igualmente a quienes no han tenido verdadera intención de contraerlo».

Pero los matrimonios de conveniencia continúan incrementándose desde un punto de vista cuantitativo; prueba de ello es el número de Resoluciones de la Dirección General de los Registros y del Notariado dictadas en relación con tales matrimonios, que a partir del año 1995 es prácticamente incontable. Tal realidad social justifica la oportunidad de la Instrucción de la Dirección General de los Registros y del Notariado de 31 de enero de 2006 *sobre los matrimonios de complacencia*[7], en la que se ofrecen a los Encargados de los Registros Civiles españoles, tanto en España como en el extranjero, directrices que puedan ayudarles a la hora de abordar su tratamiento jurídico.

En efecto, hasta ese momento la situación era de absoluta ausencia de criterios, tanto operativos como prácticos, tanto en el Código civil como en el Reglamento del Registro Civil y en la Instrucción de 9 de enero de 1995, que permitieran detectar un matrimonio de conveniencia.

A través de esta Instrucción del año 2006 la Dirección General de los Registros y del Notariado proporciona un tratamiento jurídico de los matrimonios de conveniencia que puede calificarse de sistemático, exhaustivo y plenamente ajustado a la Ley, a los Convenios internacionales en vigor para España y a la Constitución Española[8]. Se pone así de manifiesto la especial preocupación por las dimensiones que alcanza el fenómeno de los matrimonios de conveniencia, justificándose, de forma exhaustiva y detallada, las medidas a adoptar.

Las directrices que ofrece la citada Instrucción pueden sintetizarse del siguiente modo[9]:

1. El consentimiento es el elemento esencial del matrimonio entendido éste como negocio jurídico; mas no se exige un consentimiento cualquiera, sino el «consentimiento matrimonial», sin cuya concurrencia nos encontraremos ante un «matrimonio simulado» o «meramente aparente», cuya existencia es deseable erradicar, siempre con respeto absoluto al *ius connubii*, no solo para evitar, desde la perspectiva del Derecho Privado, que los interesados se beneficien de las consecuencias vinculadas a la apariencia matrimonial, sino también para frenar, desde una perspectiva de Derecho Público, el fraude a las normas de nacionalidad y extranjería y la inmigración ilegal.

7 BOE núm. 41, de 17 de febrero de 2006, pp. 6330 a 6338.

8 CALVO CARAVACA, A.L. y CARRASCOSA GONZÁLEZ, J.: *Matrimonio de conveniencia y turismo divorcista: práctica internacional española*, Actualidad Civil, Sección Doctrina, 1998, Ref. VI, p. 129, tomo I, Editorial La Ley, La Ley 2340/2001, pp. 1 y 2.

9 *Vide* SAP Málaga (sección 7ª) 49/2014 de 14-9-2015 rec. 47/2015.

2. En el Derecho Internacional Privado español no existe una «*Lex Matrimonii*»; no existe una única norma estatal que determine los requisitos de validez del matrimonio en los casos internacionales.
   Las normas de conflicto deben determinar, separadamente, la ley aplicable a la capacidad matrimonial, la ley aplicable al consentimiento matrimonial y la ley aplicable a la forma de celebración del matrimonio.
   En los matrimonios de conveniencia lo que debe analizarse es si el consentimiento es válido o no atendiendo a la ley personal (ley nacional) de cada contrayente al tiempo de la celebración del matrimonio, por aplicación del artículo 9.1 del Código civil.
   Ahora bien, si una ley extranjera -que resulte de aplicación por virtud del citado artículo 9.1 del Código civil– admite la validez del matrimonio no obstante mediar un consentimiento ficticio o simulado, dicha ley no se aplicará por entenderse contraria al orden público internacional español (art. 12.3 C.c.), debiendo aplicarse, en su lugar, el Derecho material español.
3. Para evitar que se celebren matrimonios de conveniencia debe aplicarse la Instrucción de la Dirección General de los Registros y del Notariado de 9 de enero de 1995 *sobre expediente previo al matrimonio cuando uno de los contrayentes está domiciliado en el extranjero*, empleándose como un medio de control preventivo y previo no sólo de la capacidad matrimonial sino también del consentimiento matrimonial de los contrayentes.
4. Cuando el matrimonio se ha celebrado en el extranjero y se quiere proceder a su inscripción en el Registro Civil español, el Encargado debe realizar un control de la «legalidad del hecho con arreglo a la ley española», control cuyo alcance es muy extenso, incluyendo la verificación de la legalidad del acto en cuanto a los requisitos subjetivos además de los objetivos.
5. En los supuestos en que los encargados de los Registros Civiles deban controlar la legalidad y la autenticidad del consentimiento matrimonial con arreglo a la ley española –lo que sucederá cuando uno de los contrayentes sea español o cuando, siendo ambos extranjeros, deba aplicarse igualmente en ejecución de la cláusula del orden público por admitir la ley extranjera los matrimonios simulados–, ante el silencio al respecto de la normativa española y la frecuente ausencia de pruebas directas de la voluntad simulada de los contrayentes, procede acudir al sistema de la «presunciones judiciales».
6. Tanto por la presunción general de buena fe como porque el *ius nubendi* es un derecho fundamental de la persona, el Encargado del Registro Civil debe alcanzar una «certeza moral plena» de hallarse en presencia de un matrimonio simulado para acordar la denegación de la autorización del matrimonio o de su inscripción en el Registro Civil.

En el plano internacional, la preocupación por la lucha contra estos supuestos de fraude de ley ha sido afrontada también por la Unión Europea a través de la Resolución del Consejo de la Unión Europea de 4 de diciembre de 1997 *sobre las medidas que deberán adoptarse en materia de lucha contra los matrimonios fraudulentos*[10], en la que tras reconocer el Derecho Universal a casarse y fundar una familia y afirmar que los matrimonios fraudulentos constituyen un medio para eludir las normas relativas a la entrada y a la residencia de nacionales de terceros países, enumera los «factores» que pueden permitir que se presuma que un matrimonio es fraudulento, estableciéndose que, cuando se aprecie su concurrencia, los «Estados miembros sólo expedirán un permiso de residencia o una autorización de residencia por causa de matrimonio al nacional del país tercero tras haber mandado comprobar a las autoridades competentes según el Derecho nacional que el matrimonio no es un matrimonio fraudulento y que se cumplen las demás condiciones de entrada y residencia», y si ya disponía de él, dicho permiso o autorización de residencia se retirará, revocará o no renovará. Señala, además, la conveniencia de que los Estados miembros adopten o sigan adoptando medidas equivalentes en sus legislaciones nacionales para luchar contra este tipo de fraude.

En este mismo plano internacional, la preocupación por la extensión de este fenómeno llevó a la Comisión Internacional del Estado Civil a acordar, en la Asamblea General celebrada en Edimburgo en septiembre de 2004, la constitución de un Grupo de Trabajo específico para intercambiar las experiencias y medidas adoptadas para combatir tal fenómeno en los distintos países miembros, que pretende complementar, en el ámbito de los matrimonios de conveniencia, la recomendación número 9 adoptada en Estrasburgo el 17 de marzo de 2005 *relativa a la lucha contra el fraude documental en materia de Estado Civil*[11]. El objetivo es poner freno al creciente fraude que tiende a la obtención indebida de la nacionalidad o de la residencia legal utilizando al efecto mecanismos de falsificación documental o reconocimientos falsos de filiación.

El Informe sobre *Usos indebidos del Derecho de reagrupación familiar: matrimonios de conveniencia y falsos reconocimientos de paternidad*, elaborado por el Punto de Contacto Nacional de España de la Red Europea de Migraciones (EMN) en mayo de 2012[12], pone de manifiesto que, pese a las medidas de prevención hasta ahora expuestas, el tratamiento jurídico de los matrimonios de conveniencia en

10 Diario Oficial núm. C382 de 16 de diciembre de 1997, pp. 0001 y 0002 (97/C382/01).

11 Esta recomendación de la CIEC fue hecha pública en España mediante la Instrucción de la Dirección General de los Registros y del Notariado de 20 de marzo de 2006 *sobre prevención del fraude documental en materia de Estado Civil* (BOE núm. 97, de 24 de abril de 2006, vigente desde el 14 de mayo de 2006), por lo que forma parte del Ordenamiento jurídico español.

12 *Vide* pp. 13 y 14 de dicho Estudio.

España ha ido ganando importancia, incrementándose el número de preguntas y de solicitudes de informes a la Dirección General de los Registros y del Notariado.

Por otra parte, el Ministerio Fiscal, que recaba información de las autoridades policiales con competencia en la investigación de las redes de inmigración ilegal, constata que el número de solicitudes de reagrupación familiar o de permisos de residencia como familiar de ciudadano comunitario por parte de ciudadanos extranjeros, que presentan certificados registrales de estar unidos como pareja de hecho con extranjeros residentes legales, ciudadanos españoles o de la Unión, se ha visto incrementado. La *Memoria de Extranjería de 2014* (apartado 13. Fiscales de Extranjería y Registro Civil), indica igualmente que el fenómeno de los matrimonios simulados se ha reducido notablemente al sustituirse por la constitución de parejas de hecho ficticias para conseguir el beneficio de la residencia en España.

Asimismo se constata el incremento en la celebración de matrimonios canónicos entre ciudadanos extranjeros en situación irregular y nacionales españoles, matrimonios a los cuales nuestra legislación otorga efectos civiles con su inscripción registral, sucediendo que en algunos casos estas uniones canónicas encierran verdaderos matrimonios fraudulentos.

Por lo tanto, ocurre que a partir de los años 90, en que se ha ido incrementando el control estatal de forma progresiva sobre los matrimonios con elemento extranjero, de forma casi inmediata y paralela, ha aumentado el número de matrimonios canónicos y de parejas de hecho con elemento extranjero con el propósito de eludir el mencionado control estatal. Se acude al matrimonio canónico por ser una vía de inscripción del matrimonio más sencilla que la exigida por el Estado para el matrimonio puramente civil; y se acude a la institución de las parejas de hecho porque lo único que se precisa a efectos de que se produzca una asimilación al matrimonio en orden a obtener los beneficios previstos para éste en los ámbitos de la nacionalidad y de la extranjería es la prueba de una estabilidad en la pareja, para lo cual será suficiente, por ejemplo, con presentar copia de su inscripción en un Registro Público o acreditar su formalización en escritura pública. En ambos supuestos se evita el duro trámite de la audiencia previa y por separado de los contrayentes ante el Encargado del Registro Civil asistido por el Secretario, trámite éste que debidamente encauzado puede resultar decisivo en la determinación de un matrimonio como de conveniencia. Del mismo modo, se elude la presencia del Fiscal, con lo que los riesgos de la detección del fraude se reducen considerablemente[13].

A lo anterior debe añadirse que, en los últimos años, las últimas reformas legislativas producidas en el ámbito del matrimonio, han facilitado y propiciado en cierta manera los matrimonios de conveniencia. En este sentido cabe citar la Ley 13/2005, de 1 de julio, *por la que se modifica el Código civil en materia de derecho a contraer*

---

13 Memoria de Extranjería 2014, apartado 13. *Fiscales de Extranjería y Registro Civil.*

matrimonio, que permite el matrimonio entre personas del mismo sexo, de suerte que, siquiera sea potencialmente, aumenta las posibilidades de contraer este tipo de matrimonios, y la Ley 15/2005, de 8 de julio, *por la que se modifica el Código civil y la Ley de Enjuiciamiento Civil en materia de separación y divorcio*, que reduce el tiempo y los trámites para la interposición de la demanda de divorcio sin que precise la concurrencia de causa alguna. Una vez transcurridos tres meses desde la celebración del matrimonio se puede pedir el divorcio por uno sólo de los cónyuges.

Más recientemente, el Consejo de Justicia y Asuntos de Interior aprobó, en su reunión celebrada los días 26 y 27 de abril de 2012, el Plan de Trabajo "*Acción de la Unión Europea frente a las presiones migratorias-Una respuesta estratégica*", que hace referencia a los matrimonios de conveniencia como medio para facilitar la entrada y la estancia de nacionales de terceros Estados en la Unión Europea. Este Plan de trabajo enumera las diversas medidas que deben emprender la Comisión y/o los Estados miembros para comprender mejor la utilización abusiva del derecho a la libre circulación de los nacionales de terceros Estados y la delincuencia organizada para facilitar la inmigración ilegal. Una de estas medidas es la elaboración de un "*Manual sobre matrimonios de conveniencia*"[14], con orientaciones para detectar los matrimonios amañados. Por lo tanto, el "*Manual*" sólo cubre los matrimonios de conveniencia entre un nacional de un Estado miembro de la Unión Europea y un nacional de un tercer Estado, siempre que el primero haya ejercido la libre circulación al residir en otro Estado miembro. No se incluyen, *a contrario sensu*, los matrimonios contraídos entre dos ciudadanos nacionales de distintos Estados miembros de la Unión Europea (*Vide* Sección *Introducción* del Manual).

En la Comunicación de 25 de noviembre de 2013 de la Comisión al Parlamento Europeo, al Comité Económico y Social Europeo y al Comité de las Regiones, *sobre libre circulación de los ciudadanos de la Unión Europea y de sus familias: cinco medidas clave*[15], la Comisión clarifica los derechos y las obligaciones de los ciudadanos de la Unión Europea en virtud de las normas sobre libertad de circulación y fija cinco medidas para ayudar a las Autoridades nacionales a aplicar efectivamente esas normas sobre el terreno. Se recuerda que la legislación de la Unión Europea contiene una serie de sólidas salvaguardias que permiten a los Estados miembros luchar contra los abusos. Una de las medidas concretas para ayudar a las Autoridades a aplicar

14 Este Manual no es jurídicamente vinculante, ni exhaustivo, y se entiende sin perjuicio de lo establecido en la legislación vigente de la Unión Europea y en su futuro desarrollo. Se entiende igualmente sin perjuicio de la interpretación receptiva de la legislación de la Unión Europea que pueda realizar el Tribunal de Justicia.

15 COM (2013) 837 final- http://eur-lex.europa.eu/legal-content/ES/TXT7PDF/?uri=CELEX:52013DC0837&rid=1.

estas salvaguardias en todo su potencial fue la elaboración, junto con los Estados miembros, de un "*Manual*" para combatir los matrimonios de conveniencia.

En respuesta a la mencionada petición de los Estados miembros y en estrecha cooperación con ellos, los Servicios de la Comisión han elaborado un "*Manual*" para hacer frente a la cuestión de los supuestos matrimonios de conveniencia entre ciudadanos de la Unión Europea y nacionales de terceros Estados, en el contexto de la legislación de la Unión Europea sobre la libre circulación de ciudadanos de la Unión Europea.

El objetivo es ayudar a las Autoridades nacionales a abordar eficazmente los casos concretos de abuso en forma de matrimonio de conveniencia sin comprometer el objetivo fundamental de garantizar y facilitar la libre circulación de los ciudadanos de la Unión y de los miembros de sus familias que utilizan de buena fe la legislación de la Unión Europea.

El marco jurídico a nivel de la Unión Europea y a nivel internacional que las Autoridades nacionales deben cumplir al combatir los abusos está constituido por las normas de la Unión Europea sobre la libre circulación de los ciudadanos de la Unión Europea y los miembros de su familia, los derechos y garantías consagrados en la Carta de los Derechos Fundamentales de la Unión Europea y otros Instrumentos pertinentes del Derecho Internacional como el Convenio Europeo de Derechos Humanos.

Además de las orientaciones a los Estados miembros sobre la forma de abordar los abusos en forma de matrimonio de conveniencia prevista en la Comunicación de la Comisión de 2 de julio de 2009 «*Orientaciones para una mejor transposición una aplicación de la Directiva 2004/38/CE*»[16], el "*Manual*" expone este marco jurídico. También explica qué significa la aplicación de esas normas en la práctica, ofreciendo a las Autoridades nacionales directrices operativas para ayudarles a detectar e investigar con eficacia presuntos casos de matrimonios de conveniencia. Tener en cuenta las indicaciones y la información facilitada en el "*Manual*" debe garantizar que las prácticas de las Autoridades nacionales competentes se base en los mismos hechos y criterios jurídicos dentro de la Unión, y contribuir al cumplimiento de la legislación de la Unión Europea.

En el "Manual" se detalla la notoria insuficiencia de una entrevista realizada a los contrayentes que no vaya acompañada de labores de investigación basadas en la existencia de indicios de posibles fraudes o abusos; indicios de base obtenidos a través de entrevistas o cuestionarios simultáneos, comprobaciones de documentos y de antecedentes, inspecciones por parte de las autoridades policiales de inmigración u otras autoridades competentes, y controles realizados en el entorno vecinal para comprobar si la pareja vive en común y administra conjuntamente su hogar, lo

16 COM (2009) 313 final, en lo sucesivo, Directrices de la Comisión de 2009.

que conforma un *prius* sobre el que fundamentar una declaración de hallarse ante un matrimonio contraído en fraude de ley. Recuerda, además, que en la detección, investigación y sanción de los matrimonios de conveniencia deberán tenerse en cuenta los derechos fundamentales consagrados en los Instrumentos del Derecho Europeo e Internacional, señalando especialmente el *Derecho al matrimonio*, el *derecho al respeto de la vida privada y familiar* y los *derechos del menor*, así como el *principio de no discriminación*, el *derecho a la tutela judicial efectiva* y el *derecho de defensa*, tal y como establece la Carta de los Derechos Fundamentales de la Unión Europea.

Indica también el modo en que la cooperación transfronteriza puede facilitar la eficacia de la detección, la investigación y las actuaciones judiciales sobre los matrimonios de conveniencia. Se precisa, en particular, la asistencia que Europol y Eurojust pueden proporcionar a las Autoridades nacionales cuando hay implicación de la delincuencia organizada en la trata de seres humanos y respecto a la investigación o a las actuaciones judiciales sobre hechos concretos. Muestra cómo Europol y Eurojust pueden ayudar a los Estados miembros a crear equipos de investigación conjuntos, y los supuestos en que estos equipos pueden resultar útiles y adecuados.

El "*Manual*" concluye describiendo las distintas Autoridades nacionales que pueden participar en la lucha contra los matrimonios de conveniencia y destacando, en concreto, la necesidad de políticas de conjunto que aborden dicha cuestión y especifiquen las funciones de los distintos agentes nacionales. Los Estados miembros también deben examinar, en función de sus necesidades, la manera de coordinar mejor la labor de las partes fundamentales, por ejemplo mediante la creación de un organismo central de coordinación o de puntos de contacto en cada uno de los servicios implicados.

No podemos dar por concluida esta introducción a la dimensión nacional e internacional de los matrimonios de conveniencia sin advertir que, si bien se ha venido acentuando el constante incremento de este fenómeno, no es posible cuantificarlo con exactitud. No puede conectarse el incremento de los matrimonios de conveniencia con el auge de los matrimonios mixtos (entre nacionales y extranjeros)[17] porque, como con acierto sostiene MATEO Y VILLA[18], ello constituye una simple posición apriorística que nada evidencia por sí misma. Es más, el incremento de

17 Esta es la postura adoptada por GALA VALLEJO, C. (*Matrimonios de conveniencia*, El Graduado, Boletín Informativo del Colegio de Graduados Sociales de Madrid, www.elgraduado.es/so/matrimonios_conveniencia.html, Año XVI, nº 50, junio 2006) al afirmar que los matrimonios de conveniencia «resultan hoy un fenómeno habitual en los países como España, sometidos a una fuerte inmigración. En nuestro país crecen sin freno dichos matrimonios; los datos evidencian que las uniones mixtas, entre nacionales y extranjeros, son una realidad en auge».

18 MATEO Y VILLA, I.: *De la justificación de las resoluciones administrativas sobre matrimonios de conveniencia*, Cuestiones Actuales del Derecho de Familia, dir. por Teresa Echevarría de Rada y

matrimonios mixtos se debe a algo tan natural como al aumento de interacciones entre nacionales y extranjeros como consecuencia de la presión creciente de los efectivos extranjeros en España. La única forma de cuantificar los matrimonios de conveniencia sería mediante la cuantificación de los matrimonios que se han declarado nulos por tal motivo; mas este criterio de cuantificación ni siquiera nos proporcionaría un resultado exacto, y nos atreveríamos a decir que ni siquiera aproximado, porque habrá muchos matrimonios fraudulentos que no hayan sido detectados, escapando así de la nulidad.

En síntesis, no es posible identificar el número de matrimonios de conveniencia con el número de matrimonios mixtos, porque ello supondría admitir que todos los matrimonios en los que interviene algún elemento de extranjería merecen tal calificación; pero tampoco pueden restringirse a los declarados nulos por tal motivo, porque además de éstos, habrá otros que se hayan contraído con el propósito de beneficiarse de las consecuencias que en materia de nacionalidad y extranjería se reconocen a los cónyuges de nacionales españoles o residentes en España que hayan logrado escapar al control.

coord. por María del Rosario Martín Briceño y David Rafael Guinea Fernández, La Ley, Madrid, 2013, p. 41.

CAPÍTULO II. CONSIDERACIONES EN ORDEN AL CONCEPTO DE MATRIMONIO DE CONVENIENCIA. DELIMITACIÓN CONCEPTUAL RESPECTO DEL MATRIMONIO SIMULADO

1. CONSIDERACIONES GENERALES

El matrimonio de conveniencia, de complacencia o blanco es aquel matrimonio cuyo objetivo es, no el propio y específico de esta institución –fundar una familia–, sino el de beneficiarse de las ventajas que en materia de nacionalidad y de extranjería se reconocen al cónyuge extranjero de nacional español o de residente legal en España. Son matrimonios, por lo tanto, en los que falta el imprescindible «consentimiento matrimonial».

Mas a dicha ausencia de consentimiento debe añadirse, en cuanto elemento distintivo del matrimonio de conveniencia, la presencia de al menos un elemento de extranjería.

A continuación analizaremos detenidamente cada uno de los elementos constitutivos y distintivos del matrimonio de conveniencia.

2. ELEMENTOS DEFINITORIOS DEL MATRIMONIO DE CONVENIENCIA

a. La ausencia de consentimiento matrimonial

El matrimonio es un negocio jurídico; es un acuerdo de voluntades solemne de los contrayentes, encaminada a establecer la unión matrimonial. Por lo tanto, el consentimiento es la condición esencial para la validez del matrimonio[19]; en este sentido, el artículo 45, párrafo 1º, del Código civil, sienta el principio de acuerdo con el cual "*no hay matrimonio sin consentimiento matrimonial*".

Pero, a efectos de la validez del matrimonio, no se exige un consentimiento cualquiera, sino un «consentimiento matrimonial», es decir, aquel consentimiento de los contrayentes dirigido a crear una comunidad de vida entre ellos con la finalidad de asumir los fines propios y específicos de la unión en matrimonio. En síntesis, el consentimiento matrimonial es existente, auténtico y verdadero cuando los contrayentes persiguen, con dicho enlace, fundar una familia[20]. Por ello, frente a lo dispuesto en el artículo 1261 del Código civil, que se refiere al consentimiento en general como elemento esencial de validez de los contratos, el artículo 73 del mismo cuerpo legal especifica que el consentimiento necesario para la validez del matrimonio es el «consentimiento matrimonial».

Para que este «consentimiento matrimonial» se considere válido y de lugar a un matrimonio, a su vez válido, es necesario que el sujeto que lo preste tenga, en ese momento, la aptitud de entender y querer y el conocimiento de al menos la noción básica de qué es el matrimonio, pues si no difícilmente puede decirse que nadie consienta en casarse aunque diga que sí[21].

El consentimiento debe existir por haberse dado sabiendo lo que significa y debe haber sido prestado libremente, no viéndose afectado por ningún vicio en su formación (error, violencia, intimidación o dolo), pues en caso contrario el matrimonio sería nulo (arts. 45.2 y 73.4 y 5 C.c. respectivamente).

Además, el «consentimiento matrimonial» debe tener un contenido concreto, que consiste precisamente en la aceptación, por parte de los contrayentes, de la finalidad del matrimonio. Aunque el Código civil no indica cuál es la finalidad de la institución matrimonial, sí contiene una determinación legal de los derechos y de los deberes de los cónyuges, de suerte que cuando los contrayentes contraen matrimonio, deben querer asumirlos. Estos derechos y deberes pueden sintetizarse en los siguientes: igualdad de ambos cónyuges, respeto y ayuda mutua y actuación en interés de la familia, fidelidad y convivencia (arts. 67 y 68 C.c.).

---

19 El matrimonio presenta un carácter intrínsecamente consensual, y así se ha establecido tanto en nuestro Derecho interno (art.45 C.c., reproducido en el texto) como a nivel internacional (art. 16.2 de la Declaración Universal de Derechos Humanos, art. 23.3 del Pacto Internacional de Derechos Civiles y Políticos, art. 10.1 del Pacto Internacional de Derechos Económicos, Sociales y Culturales y art. 1 del Convenio de las Naciones Unidas de 7 de noviembre de 1962 sobre el consentimiento para el matrimonio, la edad mínima para contraer matrimonio y el registro de los matrimonios).

20 En este sentido, Instrucción de la Dirección General de los Registros y del Notariado de 31 de enero de 2006 *sobre matrimonios de conveniencia*.

21 ALBALADEJO GARCÍA, M.: *Curso de Derecho Civil, IV, Derecho de Familia*, 8ª ed., José Mª Bosch Editor, Barcelona, 1997, pp. 31 y 52.

Si los contrayentes contraen matrimonio sin asumir esos derechos y deberes que constituyen su contenido, es decir, sin la clara intención o el común propósito de fundar una familia, no existirá «consentimiento matrimonial» ni, en consecuencia, verdadero y válido matrimonio; habrá un matrimonio simulado y, en cuanto tal, nulo por ausencia de consentimiento matrimonial (arts. 45.1 y 73.1 C.c.).

Cuando, alterándose la naturaleza de esta institución, se utiliza el matrimonio para alcanzar un fin distinto al suyo propio (fundar una familia), previo acuerdo de los contrayentes, el «consentimiento matrimonial» es inexistente y el matrimonio simulado. No existe una correspondencia entre la voluntad expresada (intención, fingida, de fundar una familia) y la voluntad interna (alcanzar un fin distinto al propio del matrimonio); la declaración de voluntad expresada, ficticia o aparente, tiende a realizar un negocio (matrimonio), y la voluntad interna y verdadera, tiene a dejar aquélla sin efecto.

Para que pueda hablarse de matrimonio simulado se precisa, de acuerdo con lo que se acaba de exponer, una discordancia entre la voluntad interna y la voluntad declarada y la existencia de un previo acuerdo de los contrayentes consistente en excluir la finalidad propia del matrimonio. Como con acierto sostiene el Profesor LACRUZ BERDEJO, J.L.[22], la simulación se estructura sobre tres elementos esenciales:

1. Una intención disimulada que se exterioriza a todos.
2. Una intención simulatoria, lograda mediante un compromiso entre quien hace la declaración y quien la recibe.
3. Una expresión simulada de una voluntad que no existe o que existe con un alcance distinto.

En este mismo sentido se pronuncia la Audiencia Provincial de Barcelona (sección 18) en Sentencia de 1 de diciembre de 2005[23], a cuyo tenor literal «La simulación requiere un acuerdo simulatorio entre las partes, es decir, un pacto entre los contrayentes en el que se excluyan los fines matrimoniales, o se alteren sustancialmente dichos fines, de manera que el proyecto de convivencia que se plantea no tiene nada que ver con el matrimonial».

Si no existe el referido acuerdo simulatorio y la ausencia de consentimiento matrimonial se produce únicamente en uno de los contrayentes, no estaremos ante

22 *Elementos de Dereho civil, I, Parte General*, vol. 3, 2ª ed., Dykinson, Madrid, 2003, pp. 180 a 186. En este mismo sentido DÍEZ-PICAZO, L. y GULLÓN BALLESTEROS, A.: *Sistema de Derecho Civil*, vol. IV, Tecnos, Madrid, 1986, p.93.

23 Sentencia núm. 789/2005, rec. 194/2995. En los mismos términos se pronuncia la Audiencia Provincial de Barcelona (sección 18) en la Sentencia 518/2004 de 30 de junio de 2004, rec. 801/2003.

un supuesto de simulación, sino ante un caso de reserva mental[24], si bien el resultado será el mismo, la nulidad del matrimonio por ausencia de consentimiento. En efecto, el concepto de reserva mental es distinto al de simulación, aunque ambas circunstncias, en caso de concurrir, determinan la nulidad del matrimonio. La simulación requiere un acuerdo simulatorio entre las partes, es decir un pacto entre los contrayentes mediante el que se excluyan los fines matrimoniales o se alteren sustancialmente, de manera que el proyecto de convivencia que se planea no tienen nada que ver con el matrimonial; en cambio, la reserva mental es, por definición, unilateral[25]. Obvia por tanto esta distinción la Dirección General de los Registros y del Notariado cuando, en su Instrucción de 31 de enero de 2006, considera simulado también el matrimonio en el que la ausencia de verdadero «consentimiento matrimonial» se produce en uno solo de los contrayentes[26].

En síntesis, es matrimonio simulado aquel en el cual los contrayentes acuerdan celebrarlo para lograr un fin distinto a la fundación de una familia. Pues bien, cuando ese fin distinto acordado es el de obtener, por parte del contrayente extranjero, las ventajas que la normativa española sobre nacionalidad y extranjería vincula al matrimonio, el matrimonio se califica como de conveniencia, de complacencia o blanco[27].

---

24 Las notas esenciales de la reserva mental son: la gestación consciente en el fuero interno de uno de los contrayentes de la divergencia entre lo internamente querido y lo manifestado; dada la unilateralidad en la reserva mental, el secreto y el desconocimiento para la otra parte, lo que conlleva un engaño a ésta, y normalmente para terceros, sobre la verdadera intención o propósito real de quien realiza la reserva mental; y la existencia de una verdadera intención oculta, un fin realmente querido (*propositum in mente retentur*), que se pretende conseguir mediante la celebración del matrimonio aparente, por lo que no coincide con la voluntad negocial declarada no querida realmente. En este sentido CREMADES GARCÍA, P.: *Matrimonios de complacencia: una realidad*, Revista de la Facultad de Ciencias Jurídicas y Sociales de Elche, vol. 1º, nº 1, julio 2006, pp. 12-28. También SAP Vizcaya (sección 4ª), Sentencia 190/2015 de 30-3-2015, rec. 526/2014.

25 SAP Barcelona (sección 18ª), Sentencia 789/2005, de 1-12-2005, rec. 194/2005.

26 En este mismo sentido SAP Santa Cruz de Tenerife 243/2015 de 13 de mayo de 2015, rec. 192/2014, que afirma que «entre los diversos supuestos de falta de consentimiento matrimonial, está la celebración del matrimonio bajo reserva mental…, que significa que el declarante quiere la declaración, pero se reserva unilateralmente sus efectos. Uno de los supuestos más frecuentes de matrimonios simulados o con reserva mental es el matrimonio de conveniencia o complacencia…».

27 Respecto de la distinción entre matrimonios simulados y de conveniencia, entiende MATEO Y VILLA, I. (Ob. cit., pp. 39-42) que estos últimos se han identificado únicamente con los matrimonios blancos y, por lo tanto, su investigación se ha limitado al caso de los matrimonios entre españoles y extranjeros. A su juicio, «los matrimonios simulados se denominan también de conveniencia o blancos. Si bien todos ellos son matrimonios en los que interviene la simulación, en los de conveniencia, esta simulación es compartida por ambos cónyuges. Ahora bien, también es posible que en un matrimonio sólo uno de los cónyuges haya simulado y no el otro. En este último caso, estaríamos ante un matrimonio simulado (por uno sólo de los cónyuges), pero no ante un matrimonio de conveniencia.

Consideramos, por lo tanto, incompleta la definición que de los matrimonios fraudulentos nos ofrece la Resolución del Consejo de la Unión Europea de 4 de diciembre de 1997, de acuerdo con la cual es fraudulento «el matrimonio de un nacional de un Estado miembro o de un nacional de un tercer país que resida regularmente en un Estado miembro con un nacional de un tercer país, con el fin exclusivo de eludir las normas relativas a la entrada y la residencia de los nacionales de terceros países y obtener para el nacional de un tercer país, un permiso de residencia o una autorización de residencia en un Estado miembro». Según el tenor literal de esta definición, sólo sería matrimonio fraudulento el celebrado en fraude de la legislación de extranjería, pero no el contraído en fraude de las normas sobre nacionalidad con el objetivo de beneficiarse de la reducción del plazo prevista en el artículo 22 del Código civil para la adquisición de la nacionalidad española por residencia.

Los objetivos más usuales de estos matrimonios son: adquirir de modo acelerado la nacionalidad española, obtener un permiso de residencia en España y lograr la reagrupación familiar. Nos limitamos aquí a mencionarlos porque serán objeto de análisis en el siguiente epígrafe.

Mas debe advertirse que no puede confundirse la finalidad o la causa del matrimonio, a la que se refiere el «consentimiento matrimonial» y que se concreta en el contenido del matrimonio configurado por los artículos 67 y 68 del Código civil, con los motivos que inducen a los contrayentes a contraer matrimonio, que resultan jurídicamente irrelevantes[28].

Por último, los matrimonios blancos, que son todos los simulados y de conveniencia, son aquellos que persiguen, de mutuo acuerdo entre ambos cónyuges, que uno de ellos obtenga la nacionalidad o la residencia habitual del otro; pero los matrimonio de conveniencia pueden tener un objeto más amplio que el de conseguir la nacionalidad o la residencia...En consecuencia, todo matrimonio de conveniencia es simulado, pero no todo matrimonio simulado lo es de conveniencia; y todo matrimonio blanco lo es de conveniencia, pero no todo matrimonio de conveniencia lo es blanco». A su parecer, el matrimonio de conveniencia no persigue únicamente la adquisición de la nacionalidad por parte de uno de los contrayentes, sino multitud de efectos distintos de éste y que se originan con ocasión del casamiento, como la obtención de los beneficios sanitarios o de la protección social, la legitimación de un descendiente de ambos miembros de la pareja o de uno solo de ellos, la obtención del beneficio de la subrogación en el arrendamiento de una vivienda, etc.

28 ARENAS GARCÍA, R.: *Algunos problemas relativos al consentimiento matrimonial en los supuestos internacionales (matrimonios blancos y matrimonios convenidos en DIPr.)*, en V. ALMADA MOZETIC/J. SOLÉ RESINA (org.): *Reflexões e Dimensões do Direito*, Curitiba, Brasil, Multideia, 2011, pp. 465 y 466; DE VARDA BELMONTE, J.R.: *La simulación del matrimonio civil en la Jurisprudencia de Instancia y en las Resoluciones de la DGRN*, Aranzadi Civil, mayo 2002; GARCÍA VÁZQUEZ, S. y GOIZUETA VÉRTIZ, J.: *El "ius connubii" como elemento de controversia constitucional en el marco del Derecho de extranjería: la inconstitucionalidad de los controles sistemáticos por razón de nacionalidad*, Anuario da Facultade de Dereito da Universidade da Coruña (AFDUDC), 12, 2008, p. 482; OREJUDO PRIETO DE LOS MOZOS, P.: *Tratamiento registral de los matrimonios de complacencia: lectura crítica de la Instrucción de la DGRN de 31 de enero de 2006*, Diario La Ley, nº 6542, Sección Doctrina, 5 de

Es perfectamente admisible que los contrayentes contraigan matrimonio para adquirir de una manera más rápida la nacionalidad española, para obtener un permiso de residencia o para lograr la reagrupación familiar, siempre y cuando consientan en asumir el fin propio y específico del matrimonio. Los motivos que inducen a los esposos a celebrar el matrimonio pertenecen a su esfera privada y no se puede entrar en ellos, pues lo contrario supondría atentar contra el derecho fundamental a la intimidad personal y familiar, constitucionalmente reconocido.

Como reconoce la Audiencia Provincial de Murcia (sección 1ª) en Sentencia 303/2001 de 19 de junio de 2001, recurso 45/2001 y la Audiencia Provincial de Málaga (sección 4ª) en Sentencia 410/2014 de 23 de septiembre de 2014, recurso 364/2012, el Código civil no exige, como presupuesto necesario de la validez del matrimonio, que éste se contraiga por amor, siendo frecuentes los matrimonios que se fundan en distintas causas, como seguridad económica, compañía, estabilidad, etc., sin que ello suponga su nulidad. En este mismo sentido declara la Audiencia Provincial de Barcelona en Sentencia de 24 de marzo de 2003, doctrina reiterada en la Sentencia de la Audiencia Provincial de Santa Cruz de Tenerife de 15 de noviembre de 2010[29], que las circunstancias económicas y el deseo de una vida mejor en España no son por sí solas determinantes de la nulidad del matrimonio.

b. Presencia de algún elemento de extranjería

El matrimonio de conveniencia presupone que, "al menos", uno de los contrayentes sea extranjero. Así se infiere de las Instrucciones en la materia dictadas por la Dirección General de los Registros y del Notariado y de sus numerosísimas Resoluciones, en las que coincide al considerar que mediante tales enlaces no se busca en realidad contraer matrimonio entre un español y un extranjero, sino que se pretende que un extranjero se aproveche de las ventajas del matrimonio a los efectos especialmente de facilitar la entrada o de regularizar la estancia en territorio nacional o de obtener más fácilmente la nacionalidad.

Y decimos "al menos" porque también es de conveniencia el matrimonio celebrado entre extranjeros ante la próxima adquisición de la nacionalidad por parte de uno de ellos y con el objetivo de beneficiarse el otro de la posibilidad de adquirir en breve plazo tal nacionalidad, y aquel otro que se celebra entre extranjeros para obtener un permiso de residencia o lograr la reagrupación familiar.

---

septiembre de 2006, año XXVII, Ref. D190, Editorial LaLey Abogados de Familia, nº 42, Sección Doctrina, tercer trimestre de 2006 LaLey 2243/2006, p. 2; OTERO GARCÍA CASTRILLÓN, C.: *La capacidad y la simulación en el matrimonio*, Libro Homenaje a la Memoria del Prof. Dr. Dn. Rafael Arroyo Montero, Derecho Registral Internacional, Iprolex, Madrid, 2003, p. 287.

29 Sección 4ª, Sentencia 347/2010, rec. 456/2010.

En cambio, cuando los contrayentes son ambos españoles y al celebrar el matrimonio prestan su consentimiento excluyendo asumir su finalidad propia y específica, siendo otro su propósito (por ejemplo, recibir una pensión de viudedad, subrogarse en un arrendamiento de vivienda, convertirse en beneficiario de derechos hereditarios en cuanto a la legítima usufructuaria del cónyuge viudo o entrar en el orden para suceder en la sucesión intestada, etc.), el matrimonio será simulado por ausencia de consentimiento matrimonial y, en consecuencia, nulo, pero no puede configurarse como un matrimonio de conveniencia que, reitero, exige la presencia de al menos un elemento subjetivo extranjero.

3. DELIMITACIÓN DEL MATRIMONIO DE CONVENIENCIA DENTRO DE LAS DISTINTAS HIPÓTESIS POSIBLES DE MATRIMONIO NULO POR AUSENCIA DE CONSENTIMIENTO MATRIMONIAL

De las consideraciones expuestas en el presente capítulo se infieren las distintas hipótesis posibles de matrimonio nulo por ausencia de consentimiento, dentro de las cuales se encuentra el matrimonio de conveniencia:

1. *Matrimonio en el que los contrayentes acuerdan excluir el fin propio y específico del matrimonio y asumir otro fin distinto.*
   En este supuesto, si al menos uno de los contrayentes es extranjero y el fin que se pretende es el de beneficiarse de las ventajas del matrimonio en materia de nacionalidad y/o de extranjería, el matrimonio será de conveniencia, de complacencia o blanco. En cambio, si los contrayentes son ambos españoles y el fin perseguido es otro (como, por ejemplo, obtener una pensión de viudedad o subrogarse en un arrendamiento de vivienda), el matrimonio será simulado, pero no de conveniencia. No obstante, el resultado en relación con la validez del matrimonio es idéntico en ambos casos, su nulidad.
   Dentro de los matrimonios de conveniencia podemos distinguir, a su vez, distintas posibilidades:

   1. a. Matrimonio entre español y extranjero con el objetivo inmediato de obtener, por parte del contrayente extranjero, un permiso de residencia (si fuera nacional de un tercer estado) y, en el plazo de un año (presupuesta la residencia en territorio nacional) la nacionalidad española.
   1. b. Matrimonio entre dos extranjeros cuando uno de ellos está en proceso de adquisición de la nacionalidad española y el propósito común es que el otro se beneficie, consumada tal adquisición, de la reducción del plazo de residencia

para la adquisición de la nacionalidad española prevista por el artículo 22.2 del Código civil para el cónyuge extranjero de nacional español.
Matrimonio entre dos extranjeros, uno nacional de un país miembro de la Unión Europea o del Espacio Económico Europeo y otro de un tercer Estado, con la intención común de que este último obtenga un permiso de residencia.
1. c. Matrimonio ente dos extranjeros, los dos nacionales de terceros Estados, pero uno de ellos con residencia legal en España, con el objetivo de que el otro se beneficie de la reagrupación familiar.

2. *Matrimonio en el que únicamente hay exclusión del «consentimiento matrimonial» por parte de uno de los contrayentes, siendo su propósito el de adquirir la nacionalidad española o el de obtener un permiso de residencia o la reagrupación familiar, si dicho contrayente es extranjero, u otro distinto (como por ejemplo obtener una pensión de viudedad o subrogarse en un arrendamiento de vivienda) si es español.*
En ambos casos, ya se trate de matrimonio entre españoles o de matrimonio con elemento de extranjería, si sólo uno de los contrayentes presta su consentimiento matrimonial excluyendo el fin propio y específico del matrimonio, no habrá matrimonio de conveniencia, ni siquiera matrimonio simulado, sino que estaríamos ante un supuesto de reserva mental, si bien el resultado sería igualmente la nulidad del matrimonio.

3. *Matrimonio entre español y extranjero que emiten un verdadero consentimiento matrimonial orientado a crear una comunidad de vida y a fundar una familia, porque a ambos interesa el enlace: al contrayente español porque de esta forma consigue la compañía y los cuidados del extranjero, y a éste porque de tal manera obtiene una estabilidad o subsistencia económica y beneficios de residencia y nacionalidad.*
En estos supuestos estamos ante lo que se conoce como «matrimonios convenidos», que, dado que no conculcan la finalidad del matrimonio ni alteran su esencia, en ningún caso podrían declararse nulos[30].

---

30 En este sentido se pronuncian la SAP Málaga (sección 4ª) 150/2004 de 27 de febrero de 2004, rec. 331/2003.

III. FINES PROPIOS DEL MATRIMONIO DE CONVENIENCIA

I. FINES PERSEGUIDOS POR EL CONTRAYENTE EXTRANJERO

Los objetivos más usuales de estos matrimonios son: adquirir de modo acelerado la nacionalidad española, obtener un permiso de residencia en España y lograr la reagrupación familiar.

A continuación analizamos por separado y con detenimiento cada uno de estos objetivos.

a. Adquirir de modo acelerado la nacionalidad española

De acuerdo con el artículo 22.2 del Código civil, el cónyuge extranjero de nacional español o española que llevare un año casado y no estuviera separado legalmente o de hecho podrá adquirir la nacionalidad española por residencia de un año, siempre que esta residencia sea legal, continuada e inmediatamente anterior a la petición.

De la disposición contenida en el precepto inmediatamente reproducido resulta que ya no rige en nuestro Ordenamiento jurídico el *principio de unidad jurídica de la familia*, de acuerdo con el cual toda la familia debía ostentar la misma nacionalidad, que era la del *pater familiae*[31]. En la actualidad está vigente el *principio de la nacionalidad personal*, a cuyo tenor cada sujeto goza de su propia nacionalidad, que puede coincidir o no con la que ostentan los demás miembros de su familia. La opción por esta regla encuentra su fundamento en dos principios básicos constitucionales:

1. El *principio de no discriminación por razón de sexo* (art. 14 CE), que determina que la esposa podrá conservar su propia nacionalidad, no siguiendo automáticamente la del esposo; y
2. El *principio de libre desarrollo de la personalidad* (art. 10 CE), según el cual a ningún sujeto mayor de edad se le puede imponer una nacionalidad en contra de su voluntad.

No obstante, toda persona goza del derecho subjetivo a cambiar de nacionalidad de acuerdo con el artículo 15 de la Declaración Universal de los Derechos Humanos y con el artículo 24.3 del Pacto Internacional de los Derechos Civiles y Políticos, de suerte que aquel sujeto, cónyuge de un español o española, que acredite su enraizamiento en la sociedad española, debe tener la posibilidad de adquirir dicha nacionalidad, viéndose así favorecida la *unidad jurídica de la familia*, pues ambos cónyuges ostentarán el mismo régimen jurídico público y privado.

Como indica la Audiencia Nacional (sección 3ª, Sala de lo Contencioso-Administrativo) en Sentencias de 27 de junio de 2002 (rec. 487/2001) y de 26 de mayo de 2011 (rec. 687/2009), el plazo de un año fijado para el cónyuge de español o española tiene un carácter privilegiado, en cuanto supone una reducción muy significativa del plazo general de 10 años, y se funda en el contenido y efectos del vínculo matrimonial que se trata de favorecer propiciando la uniformidad en la nacionalidad de los cónyuges, de ahí que el propio artículo 22 del Código civil condicione la aplicación del plazo referido, no sólo a la existencia del vínculo matrimonial, sino a la efectividad del mismo, plasmada en la convivencia de los cónyuges y en las condiciones y con los fines propios de dicho vínculo, por eso exige no estar separado legalmente o de hecho. De tal planteamiento se deduce que dicho plazo se ha de aplicar en sus justos términos, tanto por su carácter privilegiado como por su configuración legal, de manera que su invocación ha de venir justificada por la realidad del vínculo matrimonial, que no se ponga en duda que se contrajo con la finalidad que le es propia y no con otros objetivos distintos, y por la efectividad del mismo, de forma que se acredite una convivencia real, ininterrumpida y en las condiciones que exige dicho vínculo.

---

31 CARRASCOSA GONZÁLEZ, J.: *Matrimonios de conveniencia y nacionalidad española*, Anales de Derecho, Universidad de Murcia, nº 20, 2002, pp. 7 y 8.

Para que el cónyuge extranjero pueda beneficiarse de la reducción del plazo de residencia prevista en el artículo 22.2 del Código civil[32], se exige que el matrimonio se haya celebrado válidamente, que sea un vínculo real y que haya persistido durante el período de un año. Además, el cónyuge extranjero debe cumplir un plazo de residencia legal de 1 año continuada e inmediatamente anterior a la solicitud. Analicemos separadamente cada uno de los mencionados presupuestos:

1. El matrimonio debe haberse celebrado válidamente, es decir, debe tratarse de un matrimonio válido y no simulado conforme a las reglas del Derecho Internacional Privado español.
   A contrario sensu, el «matrimonio simulado» y su variante «matrimonio de conveniencia» no son aptos para producir el efecto de reducir la exigencia de residencia en España a 1 año.
2. El vínculo matrimonial debe ser real, de suerte que responda o haya respondido a una situación normal de convivencia entre los cónyuges[33].
   La carga de probar esta normalidad de la convivencia pesa sobre el solicitante; no basta, por lo tanto, con acreditar el matrimonio e invocar la presunción legal de que los cónyuges viven juntos consagrada en el artículo 69 del Código civil, sino que además debe probarse dicha convivencia como un presupuesto más para obtener la concesión de la nacionalidad.
3. El matrimonio debe persistir durante el período de 1 año. Se exige por lo tanto un verdadero matrimonio subsistente, no disuelto legalmente o de hecho al tiempo de la solicitud.

---

32 El plazo general exigido para la adquisición de la nacionalidad española por residencia es de 10 años, que se reduce a 5 años para los que hayan obtenido la condición de refugiado, a 2 años cuando se trata de nacionales de origen de países iberoamericanos, Andorra, Filipinas, Guinea Ecuatorial o Portugal o de Sefardíes, y a 1 año para los nacidos en España, los que no hayan ejercido oportunamente la facultad de optar, los que hayan estado sujetos legalmente a tutela, guarda o acogimiento de un ciudadano o institución españoles durante 2 años consecutivos, incluso si continuaren en esa situación en el momento de la solicitud, los que al tiempo de la solicitud llevaren 1 año casados con español o española y no estuvieren separados legalmente o de hecho, el viudo o viuda de española o español, si a la muerte del cónyuge no existiera separación legal o de hecho, y los nacidos fuera de España de padre o madre, abuelo o abuela, que originariamente hubieran sido españoles (art. 22.2 C.c.).

33 Preámbulo de la Ley 18/1990, de 17 de diciembre, *sobre reforma del Código civil en materia de nacionalidad*. En este mismo sentido se pronuncia la Dirección General de los Registros y del Notariado en su Instrucción de 20 de marzo de 1991 *sobre nacionalidad* (BOE núm. 283 de 26 de marzo de 1991), en la cual se pone de manifiesto, en referencia al artículo 22.2 apartados d) y e) que «estas nuevas normas parten de la idea de que el matrimonio con español o española, para que pueda dar lugar a un tratamiento de favor en cuanto a la adquisición de la nacionalidad española, debe corresponderse, al tiempo que la Ley se refiere, con una situación normal de convivencia entre los cónyuges».

4. El cónyuge extranjero debe cumplir, además, un plazo de residencia legal de un año continuado e inmediatamente anterior a la solicitud, plazo que es independiente del previsto respecto a la persistencia del vínculo matrimonial, aunque, como veremos, puede coincidir con él.
Esta residencia exigida es una «residencia reforzada», que debe cumplir las exigencias siguientes:
   a. *Residencia*: De acuerdo con la Exposición de Motivos de la Ley 36/2002, de 8 de octubre, *de modificación del Código civil en materia de nacionalidad*, «la residencia, a efectos de servir de base para la adquisición de la nacionalidad española, ha de ser efectiva». Esta exigencia es acorde con los planteamientos de la Sentencia del Tribunal Supremo (Sala 1ª) de 19 de septiembre de 1988, que concibe el requisito de la residencia como la prueba de que existe, en el ánimo del interesado, la voluntad de integrarse en la comunidad española.
   b. *Residencia legal*: De acuerdo con la Sentencia del Tribunal Supremo de 19 de septiembre de 1988, a la que alude expresamente la Ley 36/2002, de 8 de octubre, *de modificación del Código civil en materia de nacionalidad* en su Exposición de Motivos (Fundamento I), por residencia legal «ha de entenderse no cualquier estancia o permanencia en territorio español aunque sea legal (la de los miembros del servicio diplomático o consular de una nación extranjera, o de los miembros de fuerzas extranjeras destacadas en España, o de extranjeros con pasaporte debidamente visado, etc.), sino la que se encuentre amparada por el permiso de permanencia o autorización de residencia obtenida conforme al Decreto 522/1974, de 14 de febrero, si el período de tiempo a computar transcurrió antes de la entrada en vigor de la Ley 7/1985, de 1 de julio, o por el permiso de residencia que regula el art. 13 de esta última, si el referido tiempo se desarrolló después de la vigencia de la misma».
   Como sostiene LINACERO DE LA FUENTE, M.[34] la referencia que esta sentencia hace a la normativa de extranjería entonces vigente, hay que hacerla actualmente a las Leyes Orgánicas 8/2000, de 22 de diciembre, 14/2003, de 20 de noviembre y al Real Decreto 864/2001, de 20 de julio.
   De ello resulta que el concepto de residencia legal empleado por el Código civil es el que estrictamente resulta de la legislación de extranjería, es decir, no es una mera situación fáctica, debiendo sin embargo estar amparada

34 *La nacionalidad. Comentario a la Ley 36/2002, de 8 de octubre, de modificación del Código civil en materia de Nacionalidad*, Libro Homenaje al Profesor Manuel Albaladejo García, T. II, Colegio de Registradores de la Propiedad y Mercantiles de España, Servicio de Publicaciones, Universidad de Murcia, p. 2726.

por los correspondientes permisos de residencia (temporales o permanentes), previstos en la citada legislación de extranjería[35].

No obstante, como indica DÍEZ DEL CORRAL RIVAS, J.[36], hay otros extranjeros que, no obstante no tener una residencia amparada en un permiso, en la práctica se les concede la nacionalidad por residencia; se refiere, a título ejemplificativo, a los refugiados y asilados políticos documentados, a los que tienen cédula de inscripción como apátridas o indocumentados, los que están en posesión de la tarjera de identidad diplomática expedida por el Ministerio de Asuntos Exteriores, los encuadrados en la legión y aquellos a quienes se haya entregado indebidamente por error de la Administración el Documento Nacional de Identidad. Cita también PEÑA BERNALDO DE QUIRÓS, M.[37] a aquellos extranjeros que no tienen en su poder los permisos de residencia, autorizaciones o prórrogas correspondientes por culpa de la Administración (por ejemplo, demoras en la tramitación o denegaciones indebidas).

c. *Residencia continuada*: La residencia debe ser continuada, es decir, ininterrumpida durante el tiempo legalmente exigido (en el caso concreto, de 1 año).

No obstante, los viajes cortos, ocasionales y justificados, al extranjero, no producirán *per ser* la interrupción de dicho plazo legal, si bien, como indica la Sentencia del Tribunal Supremo de 19 de septiembre de 1988 (Fundamento IV) «tal permisión, a falta de justificación *ex lege* de un límite a la duración y frecuencia de los mismos, no puede menos de merecer una interpretación y aplicación restrictiva, que ha de ser ponderada bajo las perspectivas de la accidentalidad o no frecuencia en su realización, de la brevedad en su duración y de la justificación en sus motivos, pues mantener un criterio amplio y permisivo en esta materia, además de ser contrario a la *ratio legis* del precepto regulador de esta forma de adquisición de la nacionalidad, que, como prueba del ánimo del interesado de integrarse en la comunidad española, exige expresamente que su residencia

35 DÍEZ-PICAZO, L.: *Sistema de Derecho Civil*, I, 11ª ed., Tecnos, Madrid, 2003, p. 295; FERNÁNDEZ ROZAS, J.C.: *Derecho español de la nacionalidad*, Tecnos, Madrid, 1987, p. 199; LINACERO LAFUENTE, M: Ob. cit., pp. 2727 y 2728; PALAO MORENO, G.: *Nacionalidad y extranjería*, Tirant lo Blanch, Valencia, 2001, p. 52 y PÉREZ DE VARGAS MUÑOZ, J.: *Nacionalidad y extranjería: algunos aspectos civiles*, BIMJ, 2003, p. 4075.

36 *Lecciones prácticas sobre Registro Civil*, Junta de Decanos de los Colegios Notariales de España, Consejo General del Notariado, Madrid, 1993, p. 106.

37 *Comentario al artículo 22 del Código civil*, Comentarios al Código civil y Compilaciones Forales, dir. por Manuel Albaladejo y Silvia Díaz Alabart, T. I, vol. 3º, Editorial Revista de Derecho Privado, Madrid, 1993, p. 338.

sea continuada, lo que es sinónimo de no interrumpida, podría suponer la apertura de un peligroso y siempre recusable portillo al fraude de ley…».

En definitiva, para poder determinar la naturaleza de los períodos de ausencia del territorio nacional deberán tomarse en consideración las circunstancias de cada caso en concreto, debiendo acreditarse, a efectos de evitar la interrupción del plazo anual, el *animus* de permanencia y enraizamiento en España.

d. *Residencia inmediatamente anterior a la petición*: Esta exigencia es coherente con el requerido arraigo en España como uno de los fundamentos objetivos para la adquisición de la nacionalidad española por residencia.

Si no se exigiera esta inmediatez, podrían darse fraudes; así, un sujeto podría residir en España durante el plazo previsto legalmente y posteriormente ubicar su residencia en otro país, en cuyo caso, en el momento de realizar la petición no existiría aquel mencionado arraigo en España[38].

e. *Plazo de residencia de 1 año*: Este plazo de residencia puede coincidir o no en el tiempo con el plazo de 1 año exigido de persistencia del vínculo matrimonial.

Si coinciden, al año de haber contraído matrimonio podrá el cónyuge extranjero solicitar la nacionalidad española por residencia; en caso contrario, es decir, si transcurrido el año de vigencia del matrimonio el cónyuge extranjero no hubiera cumplido todavía ese período de 1 año de residencia legal, continuada e inmediatamente anterior, deberá esperar hasta que éste quede completamente consumado para poder iniciar los trámites para solicitar la nacionalidad española.

Es posible que al contraer matrimonio los dos contrayentes fueran extranjeros y uno de ellos estuviera en proceso de adquisición de la nacionalidad española. En tal supuesto, adquirida la nacionalidad española por éste, el otro cónyuge no adquirirá automáticamente la nacionalidad española aunque llevara 1 año casado y 1 año de residencia en España, sino que el cómputo del año de matrimonio deberá iniciarse en el momento de la referida adquisición de la nacionalidad por parte del cónyuge (ahora español). El tiempo de matrimonio anterior a la reiterada adquisición de la nacionalidad española no cuenta, porque durante ese período, en el que ambos cónyuges eran extranjeros, no había matrimonio con español o española[39].

---

38 CARRASCOSA GONZÁLEZ, J.: Ob. cit., pp. 11 y ss.

39 *Vide* RDGRN 26 (1ª) de noviembre de 2001.

Tras este período de residencia se presume que el cónyuge extranjero tiene un arraigo territorial con España. Tiene de este modo una doble vinculación con España: una vinculación subjetiva, que consiste en estar casado con español o espa ñola, y otra vinculación objetiva, concretada en su residencia efectiva en territorio español. Ambos vínculos son los que hacen presumir el enraizamiento del cónyuge extranjero en la sociedad española.

A este presupuesto de la residencia legal, continuada e ininterrumpida durante 1 año (presupuesto objetivo) por parte del cónyuge extranjero, debe añadirse, para que tenga lugar a su favor la adquisición de la nacionalidad española, la manifestación, por parte de éste, de su voluntad de ser español (presupuesto subjetivo). Tal declaración responde al ya referido derecho subjetivo que asiste a toda persona a cambiar de nacionalidad de conformidad con el artículo 15 de la Declaración Universal de los Derechos Humanos y con el artículo 24.3 del Pacto Internacional de los Derechos Civiles y Políticos.

Los artículos 21 y 22 del Código civil sujetan la adquisición de la nacionalidad española por residencia al cumplimiento de dos tipos de requisitos[40]:

1. *Requisitos de carácter definido*, que son la formulación de la correspondiente solicitud y la residencia legal, continuada e inmediatamente anterior a dicha solicitud durante el plazo señalado.
2. *Requisitos configurados como conceptos jurídicos indeterminados, bien de carácter positivo*, como son la justificación de la buena conducta cívica y el suficiente grado de integración en la sociedad española, *o bien de carácter negativo*, como es el caso de los motivos de orden público o interés nacional que pueden justificar su denegación.

La apreciación de los requisitos de carácter definido no plantea problemas; en cuanto a los segundos, por su propia naturaleza de conceptos jurídicos indeterminados, precisan de la concreción adecuada a las circunstancias concurrentes en cada caso, cuya valoración llega a una única solución justa, jurisdiccionalmente controlable, que debe adoptarse por la Administración (art. 103 CE), sin que propicien soluciones alternativas propias de la discrecionalidad administrativa.

En este sentido, ha declarado la Sentencia del Tribunal Supremo de 24 de abril de 1999[41], con cita de otras como las de 22 de junio de 1982, 13 de julio de 1984, 9 de diciembre de 1986, 24 de abril de 1993, 18 de mayo de 1993, 10 de julio de 1993, 8 de noviembre de 1993, 19 de diciembre de 1995, 2 de enero de 1996, 10 de abril

40 Al respecto SSAN (sección 3ª) de 31-10-2000 (rec. 770/1990), 31-10-2000 (rec. 891/1999), 25-2-2003 (rec. 569/2001) y 26-5-2011 (rec. 687/2009).

41 Sala de lo Contencioso, rec. 8455/1994.

de 1998, 12 de mayo de 1998, 21 de diciembre de 1998 y 24 de abril de 1999, que en la apreciación de los conceptos jurídicos indeterminados, como orden público e interés nacional, resulta excluida la discrecionalidad de la Administración, porque la inclusión de un concepto jurídico indeterminado en la norma a aplicar no significa, sin más, que se haya otorgado capacidad a la Administración para decidir con libertad y renunciar a la solución justa del caso, sino que viene obligada a la única solución correcta a la vista de los hechos acreditados, añadiendo que el reconocimiento de la nacionalidad española no es una potestad discrecional sino un deber cuando concurren los requisitos legalmente previstos. Por ello, la propia Sentencia señala que la nacionalidad tiene la auténtica naturaleza jurídica de estado civil de la persona, por lo que su adquisición por residencia no puede confundirse con la que se lleva a cabo por carta de naturaleza, pues mientras ésta constituye un genuino derecho de gracia, en que el requisito de la solicitud tiene el significado de ocasión o motivo pero no causa jurídica de la misma, la adquisición por residencia no puede concederse o denegarse sino cuando concurran las circunstancias legalmente previstas, de manera que no se trata de una concesión "*stricto sensu*", sino de un reconocimiento por concurrir al efecto los requisitos legales.

Por lo que se refiere a "la buena conducta cívica", señaló el Tribunal Supremo en Sentencia de 12 de noviembre de 2002[42] que «este sintagma que emplea el artículo 22.4 del Código Civil remite a un estándar medio de conducta capaz de ser asumido por cualquier cultura y por cualquier individuo. Un estándar que vale para todos y vale para cada uno. En el bien entendido que no se trata de imponer un modo de vida uniforme en la comunidad nacional, ni de que quien utiliza esta vía de adquisición de la nacionalidad tenga que demostrar que durante toda su vida haya observado una conducta intachable, sino de proclamar que, siendo cada sujeto humano libre para organizar su vida como le plazca –la vida se nos da, pero no se nos da hecha: tenemos que hacérnosla–, quienes, no siendo españoles, deseen obtener la nacionalidad española, han de haber llevado y seguir llevando una vida ajustada a ese estándar medio de conducta al que acabamos de referirnos». Por lo tanto, no es suficiente, a efectos de acreditar la buena conducta cívica, que no exista constancia en los Registro Públicos de actividades merecedoras de consecuencias sancionadoras penales y administrativas que *per se* impliquen mala conducta. Lo que se exige es que el solicitante justifique positivamente que su conducta, durante el tiempo de residencia en España e incluso antes, ha sido conforme a las normas de convivencia cívica, no sólo no infringiendo las prohibiciones impuestas por el ordenamiento jurídico penal o administrativo, sino cumpliendo los deberes cívicos

42 Rec. 4857/1998.

razonablemente exigibles, sin que la no existencia de antecedentes penales sea elemento suficiente para entender justificada la buen conducta cívica[43].

En cuanto a la "integración social", ésta no deriva exclusivamente del nivel de conocimiento del idioma, sino de la armonización del régimen de vida del solicitante con los principios y valores sociales, el grado de implicación en las relaciones económicas, sociales y culturales, así como el arraigo familiar, todo lo cual ha de justificar el interesado o desprenderse de las actuaciones reflejadas en el expediente[44]. La poligamia determina la ausencia de prueba del necesario grado de integración en la sociedad española.

Si falta alguno de los referidos presupuestos el Ministro de Justicia denegará la solicitud de adquisición de nacionalidad mediante una Orden Ministerial debidamente motivada (art. 21.2 C.c.).

En el caso de los matrimonios de conveniencia, como ya se ha indicado en repetidas ocasiones, nos encontramos ante un matrimonio nulo por ausencia del consentimiento matrimonial, en el que, por lo tanto, aunque hubiera convivencia, ésta nunca respondería a un situación normal de convivencia entre cónyuges. Además, mal puede conciliarse una buena conducta cívica con la celebración de este tipo de enlaces; la referida buena conducta cívica no puede pretenderse por quien, superando los estándares normales de conducta social acomodada a los mismos, ha intentado vulnerar la legislación española contrayendo un matrimonio de conveniencia[45]. En consecuencia, tal matrimonio no será apto para producir el efecto de reducir la exigencia de residencia a 1 año. Es más, si el matrimonio hubiera motivado ya la adquisición de la nacionalidad por residencia abreviada de 1 año del cónyuge extranjero, el descubrimiento del carácter fraudulento de dicho matrimonio determinará, como sanción, la privación de la nacionalidad, pues de acuerdo con el artículo 25.2 del Código civil, "*La sentencia firme que declare que el interesado ha incurrido en falsedad, ocultación o fraude en la adquisición de la nacionalidad española, produce la nulidad de tal adquisición, si bien no se derivarán de ella efectos perjudiciales para terceros de buena fe. La acción de nulidad deberá ejercitarse por el Ministerio Fiscal de oficio o en virtud de denuncia, dentro del plazo de quince años*".

b. Obtener un permiso de residencia en España

De acuerdo con el Real Decreto 240/2007, de 16 de febrero, que incorpora a nuestro Ordenamiento jurídico el contenido de la Directiva 38/2004/CE, el cónyuge

43 SAN Sala Contencioso-Administrativa (sección 3ª) 287/2013 de 31-1-2013, rec. 367/2012.

44 SAN Sala Contencioso-Administrativa (sección 3ª) 277/2015 de 17 -3-2015, rec. 2024/2013.

45 STS 5-7-2006, rec. cas. 4414/20002.

nacional de un tercer Estado de un nacional de un Estado miembro de la Unión Europea o del Espacio Económico Europeo, que no esté separado de derecho, goza del derecho a entrar, salir, circular y residir libremente en España[46], no siendo preciso que mantenga un vínculo de convivencia estable y permanente con su cónyuge español.

En efecto, conforme a lo dispuesto en el artículo 2 del citado Real Decreto[47], éste se aplica, cualquiera que sea su nacionalidad, y en los términos previstos por el mismo, a los familiares de ciudadanos miembros de la Unión Europea o de otros Estados parte en el Acuerdo sobre el Espacio Económico Europeo, cuando le acompañen o se reúnan con él, entre los que se encuentra el cónyuge, siempre que no haya recaído el acuerdo o declaración de nulidad del vínculo matrimonial, divorcio o separación legal. Estos ciudadanos, según el artículo 3.1, tienen derecho a entrar, salir, circular y residir libremente en territorio español, previo el cumplimiento de las formalidades previstas.

El artículo 5.1 de la Directiva 38/2004/CE, titulado "*derecho de entrada*", dispone que "*sin perjuicio de las disposiciones que regulan los documentos de viaje en controles fronterizos nacionales, los Estados miembros admitirán en su territorio a todo ciudadano de la Unión en posesión de un documento de identidad o un pasaporte válidos y los miembros de su familia que no sean nacionales de un Estado miembro y que estén en posesión de un pasaporte válido*", añadiendo el apartado 2 que los miembros de la familia que no tengan la nacionalidad de un Estado miembro sólo estarán sometidos a la obligación de visado de entrada de conformidad con el Reglamento (CE) 539/2001 o, en su defecto, con la legislación nacional.

Los artículos 5, 6 apartado 2 y 7 apartado 2 de la Directiva y paralelamente los artículos 4, 6 y 8 del Real Decreto, reconocen los derechos de entrada, de residencia hasta 3 meses y de residencia de más de 3 meses en el Estado miembro de acogida a los nacionales de terceros países, miembros de la familia de un ciudadano de la Unión, que le acompañen o se reúnan con él en dicho Estado miembro, sin hacer referencia a que la reunión se produzca con la finalidad de mantener la unión familiar.

46 Artículo 2 del RD 240/2007, de 16 de febrero, *sobre entrada, libre circulación y residencia en España de Ciudadanos de los Estados Miembros de la Unión Europea y de otros Estados parte en el Acuerdo sobre el Espacio Económico Europeo* (BOE núm. 51, de 28 de febrero de 2007). Dicho RD incorpora al Ordenamiento Jurídico español el contenido de la Directiva 38/2004/CE, del Parlamento Europeo y del Consejo, de 29 de abril de 2004, que regula el derecho de entrada y salida del territorio de un Estado miembro, el derecho de residencia de los Ciudadanos de la Unión y de los miembros de su familia, y los trámites administrativos que deben realizar ante las Autoridades de los Estados miembros. Regula también esta Directiva el derecho de residencia permanente, y establece limitaciones a los derechos de entrada y de residencia por razones de orden público, seguridad pública o salud pública.

47 Tras la modificación parcial del mismo llevada a cabo por la STS 1-6-2010 (rec. 114/2007).

En definitiva, tanto de la Directiva 38/2004/CE como el Real Decreto 240/2007 resultan derechos subjetivos claramente definidos para los miembros de la familia del ciudadano de la Unión, comprensivos del derecho de entrada, lo que obliga a concederles un visado, gratuitamente, lo antes posible, mediante un procedimiento acelerado. Debe añadirse que aunque el derecho de libre circulación, que se extiende a los familiares, no sea incondicional, las limitaciones e interpretaciones que puedan establecerse son de aplicación restrictiva, sin que quepa restricciones por motivos económicos.

Resulta indiferente a tales efectos el lugar y el momento en el que se haya contraído el matrimonio, así como las circunstancias en que el cónyuge nacional de un país tercero haya entrado en España[48]. En efecto, ni de la Directiva 38/2004/CE ni del Real Decreto 240/2007 cabe extraer matización alguna respecto de la situación del beneficiario del derecho comunitario en razón al cumplimiento de los requisitos de residencia anteriores a que se adquiera el *status* de beneficiario comunitario, de manera que el disfrute de los derechos derivados del régimen comunitario no puede hacerse depender de una residencia legal previa del cónyuge extranjero.

El fallecimiento, la salida de España, la nulidad del vínculo matrimonial, la separación legal o el divorcio del cónyuge ciudadano de un Estado miembro de la Unión Europea o de otro Estado parte en el Acurdo sobre el Espacio Económico Europeo, no afectará al derecho de residencia del otro cónyuge siempre que éste sea también ciudadano de uno de los referidos Estados.

En cambio, cuando el cónyuge del titular del derecho sea nacional de un tercer país, únicamente conservará su derecho de residencia, en caso de fallecimiento del cónyuge titular del derecho, si prueba que residió en España con aquél antes de su fallecimiento. En los supuestos de nulidad, separación y divorcio, el cónyuge nacional del tercer Estado, si quiere conservar su derecho de residencia, deberá acreditar encontrarse en alguna de las situaciones siguientes[49]:

1. Duración de al menos 3 años del matrimonio hasta el inicio del procedimiento judicial de nulidad o divorcio, de los cuales deberá acreditar que al menos uno de los años ha transcurrido en España.

---

48 De acuerdo con la Sentencia del Pleno del Tribunal de Justicia (CE) de 25 de julio de 2008 (nº C-127/2008), que interpreta la Directiva 38/2004/CE, el nacional de un país tercero, cónyuge de un ciudadano de la Unión que reside en un Estado miembro del que no tiene la nacionalidad, que acompaña a este ciudadano de la Unión o se reúne con él, puede acogerse a las disposiciones de esta Directiva, independientemente del lugar o del momento en que hayan contraído matrimonio, o de las circunstancias en que ese nacional de un país tercero haya entrado en el Estado miembro de acogida.

49 Artículo 9 del RD 240/2007, de 16 de febrero, *sobre entrada, libre circulación y residencia en España de Ciudadanos de los Estados Miembros de la Unión Europea y de otros Estados parte en el Acuerdo sobre el Espacio Económico Europeo.*

2. Que le ha sido otorgada por mutuo acuerdo o por decisión judicial la custodia de los hijos.
3. Que existen circunstancias especialmente difíciles, como:
   a. Haber sido víctima de violencia de género durante el matrimonio. Esta circunstancia se entenderá acreditada provisionalmente cuando exista a su favor una orden de protección o un Informe del Ministerio Fiscal en el que se indique la existencia de indicios de violencia de género, y con carácter definitivo cuando haya recaído resolución judicial de la que se deduzca que se han producido las circunstancias indicadas.
   b. Haber sido sometido por su cónyuge a trata de seres humanos. Esta circunstancia quedará acreditada de manera provisional cuando exista un proceso judicial en el que el cónyuge tenga la condición de imputado y él la de posible víctima, y con carácter definitivo cuando haya recaído resolución judicial de la que se deduzca que se han producido las circunstancias alegadas.
4. Haber obtenido por mutuo acuerdo o por resolución judicial un derecho de visita respecto de un hijo menor que resida en España, siempre que la resolución o el acuerdo se encuentre vigente.

Cuando existan factores que hagan presuponer que el matrimonio es de conveniencia, según indica la Resolución del Consejo de la Unión Europea de 4 de diciembre de 1997 *sobre las medidas que deberán adoptarse en materia de lucha contra los matrimonios fraudulentos*, «los Estados miembros sólo expedirán un permiso de residencia o una autorización de residencia por causa de matrimonio al nacional del país tercero tras haber mandado comprobar a las autoridades competentes según el Derecho nacional que el matrimonio no es un matrimonio fraudulento y que se cumplen las demás condiciones de entrada y residencia. Dicha comprobación podrá conllevar una entrevista por separado con cada uno de los cónyuges». En el caso de que el permiso de residencia por razón del matrimonio ya hubiera sido concedido, si las autoridades competentes según el Derecho nacional establecieran que el matrimonio es un matrimonio fraudulento, de conveniencia, «se retirará, revocará o no se renovará» dicho permiso o autorización del nacional del país tercero.

Los matrimonios de conveniencia tienen el único objeto de que el cónyuge extranjero disfrute del derecho de libre circulación y residencia del que de otro modo no disfrutaría. La definición de matrimonios de conveniencia puede ampliarse por analogía a otras formas de relaciones contraídas con el único propósito de disfrutar del derecho de libre circulación y residencia, como las uniones de hecho (registradas) de conveniencia o las adopciones falsas.

La comentada Directiva llama la atención de los Estados miembros para protegerse de los matrimonios de conveniencia (apartado 28 del Preámbulo), pero dicha misión está especialmente encomendada a los Encargados de los Registros Civiles de los Estados miembros ante los que se pretende la inscripción del matrimonio. Una vez inscrito, y mientras no se solicite su nulidad por el Ministerio Fiscal, los cónyuges o persona con interés legítimo y directo, surtirá todos sus efectos.

No obstante, las medidas adoptadas por los Estados miembros para luchar contra los matrimonios de conveniencia no deben ser tales que disuadan a los ciudadanos de la Unión Europea y a sus familiares de hacer uso de su derecho a la libre circulación, o que limiten indebidamente sus derechos legítimos. No deben socavar la eficacia del Derecho Comunitario ni discriminar por razones de nacionalidad. Al interpretar el concepto de "abuso" en el contexto de la Directiva, debe prestarse atención a la situación de los ciudadanos de la Unión Europea. De conformidad con el principio de supremacía del Derecho Comunitario, la evaluación de si se ha abusado del Derecho Comunitario debe realizarse en el marco del Derecho Comunitario y no en el marco de las legislaciones nacionales sobre migración. La Directiva no impide que los Estados miembros investiguen los casos individuales en los que existe una sospecha razonable de abuso. Sin embargo, el Derecho Comunitario prohíbe los controles sistemáticos. Los Estados miembros pueden basarse en análisis previos y experiencias que muestran una correlación clara entre los casos de abuso probados y determinadas características de estos casos. Para evitar crear cargas y obstáculos innecesarios, es posible establecer un conjunto de criterios orientativos que sugieren que sea poco probable la existencia de un abuso de los derechos comunitarios[50]:

1. El cónyuge del tercer país no tendría ningún problema en obtener un derecho de residencia por sí mismo, o ya ha residido legalmente antes en el Estado miembro del ciudadano de la Unión Europea.
2. La pareja mantenía su relación desde hace mucho tiempo.
3. La pareja tenía desde hace mucho tiempo un domicilio o un hogar común (el Derecho Comunitario no exige que los cónyuges de países terceros vivan con el ciudadano de la Unión Europea para poder optar al derecho de residencia).
4. La pareja ya tenía un compromiso jurídico o financiero a largo plazo serio con responsabilidades compartidas (por ejemplo, una hipoteca para comprar un hogar).
5. El matrimonio ha durado mucho tiempo.

---

50 STSJ Madrid, Sala Contencioso-Administrativa (sección 1ª), Sentencia 787/2015 de 17-7-2015, rec. 1859/2014.

Los Estados miembros pueden definir igualmente una serie de criterios orientativos que hagan presumir la posible intención de abusar de los derechos conferidos por la Directiva con el único propósito de burlar las leyes nacionales sobre inmigración. Las Autoridades nacionales pueden tener en cuenta, en particular, los siguientes factores:

1. La pareja no se conocía antes del matrimonio.
2. La pareja es contradictoria sobre sus datos personales respectivos, sobre las circunstancias de su primer encuentro o sobre otra información personal importante sobre ellos.
3. La pareja no habla una lengua común.
4. La existencia de pruebas de que se ha entregado dinero o regalos para que se contraiga matrimonio (con excepción del dinero o regalos en forma de dote en las culturas donde esto es práctica común).
5. El historial de uno o de ambos cónyuges contiene pruebas de matrimonios de conveniencia anteriores o de otras formas de abuso y fraude con el fin de obtener un derecho de residencia.
6. Se ha desarrollado vida familiar sólo después de la orden de expulsión.
7. La pareja se divorcia poco después de que el nacional del tercer país en cuestión haya adquirido el derecho de residencia.

Los criterios anteriores deben considerarse como *posibles desencadenantes de la investigación*, sin que se presupongan automáticamente los resultados de las posteriores investigaciones. Los Estados miembros no podrán basarse en una única cualidad; deberán prestar la debida atención a todas las circunstancias del caso concreto. La investigación puede implicar una entrevista con cada uno de los cónyuges por separado.

Las investigaciones deben realizarse de acuerdo con los derechos fundamentales, en especial con los artículo 8 (derecho al respeto de la vida privada y familiar) y 12 (derecho a contraer matrimonio) del CEDH (arts. 7 y 9 de la Carta de la Unión Europea). La investigación de presuntos casos de matrimonios de conveniencia no justifica la derogación de los derechos de los nacionales de terceros países conforme a la Directiva, como la prohibición del derecho a trabajar, la incautación del pasaporte o el retraso en la expedición de una tarjeta de residencia en el plazo de 6 meses a partir de la fecha de la solicitud. Estos derechos pueden retirarse en cualquier momento a raíz de las posteriores investigaciones.

En cuanto a las medidas y sanciones contra el abuso y el fraude, el artículo 35 de la Directiva[51] confiere a los Estados miembros derecho a adoptar las medidas necesarias para denegar, extinguir o retirar cualquier derecho conferido por la Directiva en caso de abuso de derecho o fraude, como los matrimonios de conveniencia, siempre que estas medidas sean proporcionadas. Dichas medidas pueden adoptarse en cualquier momento e implicar la denegación de derechos conforme al Derecho Comunitario sobre libre circulación; por ejemplo, el artículo 15 prevé, como posible medida a adoptar por razones de orden público y seguridad, la denegación de la renovación de la tarjeta de residente comunitario, lo que significa la pérdida del estatuto de residente comunitario adquirido por matrimonio (o pareja de hecho) fraudulento.

De acuerdo con el "*Manual sobre matrimonios de conveniencia*", los derechos con arreglo a las normas en materia de libre circulación sólo pueden denegarse cuando las Autoridades nacionales demuestren debidamente que el matrimonio es de conveniencia, de acuerdo con la norma correspondiente en materia de pruebas (esta norma puede variar en función de si el abuso se comete en virtud de la legislación sobre inmigración, del Derecho Penal, del Derecho Administrativo o de la legislación sobre el estado civil).

La carga de la prueba corresponde a las Autoridades de los Estados miembros que intentan restringir los derechos que confiere la Directiva. La Autoridades deben ser capaces de constituir un expediente convincente respetando al mismo tiempo todas las garantías materiales descritas. Por lo tanto, como regla general, las parejas casadas no pueden ser obligadas a presentar pruebas de que el matrimonio no es abusivo. No obstante, cuando las Autoridades tengan sospechas bien fundadas de la autenticidad de un determinado matrimonio, basadas en pruebas, como por ejemplo información contradictoria facilitada por los cónyuges, pueden "invitar" a la pareja a aportar otros justificantes y elementos de prueba pertinentes. Los cónyuges tienen la obligación de cooperar con las Autoridades, lo cual debe serles comunicado. En caso de que no disipen las sospechas presentando pruebas que quepa esperar razonablemente de una pareja verdadera, o incluso si deciden no proporcionar prueba alguna, esto no puede constituir el único motivo o un motivo decisivo para concluir que el matrimonio es de conveniencia. No obstante, las Autoridades

---

51 De acuerdo con el artículo 35 de la Directiva, que únicamente prevé una posibilidad de extinción de los derechos inherentes a la condición de residente comunitario, "*los Estados miembros adoptarán las medidas necesarias para denegar, extinguir o retirar cualquier derecho conferido por la presente Directiva en caso de abuso de derecho o fraude, como los matrimonios de conveniencia. Estas medidas serán proporcionadas y estarán sometidas a las garantías procesales contempladas en los artículos 30 y 31*".

pueden tenerlo en cuenta junto con las demás circunstancias pertinentes, en su evaluación de la naturaleza del vínculo matrimonial[52].

El nacional del país tercero tiene la posibilidad de oponerse a la decisión de denegación, retirada, revocación o no renovación del permiso de residencia o de la autorización de residencia o de solicitar su revisión, con arreglo al Derecho nacional, bien ante un Tribunal, bien ante la Autoridad administrativa competente.

En caso de recurso, corresponde a los Tribunales nacionales verificar la existencia del abuso en cada caso, debiendo aportarse pruebas de conformidad con el Derecho nacional, siempre que no se socave con ello la eficacia del Derecho Comunitario.

En síntesis, del mismo modo que el matrimonio de conveniencia no es apto para determinar la adquisición de la nacionalidad por parte del cónyuge extranjero por residencia abreviada de 1 año, tampoco lo es para determinar la adquisición de un permiso de residencia o de una autorización de residencia por parte del cónyuge extranjero nacional de un tercer Estado de un nacional de la Unión o del Espacio Económico Europeo. E igualmente, si tal autorización o permiso se obtuvo con ocasión de un matrimonio de conveniencia que se descubre *a posteriori*, tal descubrimiento motivará su retirada, revocación o no renovación.

c. Lograr la reagrupación familiar

De acuerdo con la Ley 4/2000, de 11 de enero, *sobre derechos y libertades de los extranjeros en España y su integración social* (reformada por la L.O. 2/2009, de 11 de diciembre)[53] el nacional de un tercer Estado con residencia legal en España tiene derecho a reagrupar con él a su cónyuge, siempre que no se encuentre separado de hecho o de derecho y que el matrimonio no se haya celebrado en fraude de ley.

De acuerdo con la Directiva 2003/86/CE, del Consejo, de 22 de marzo de 2003 *sobre el derecho a la reagrupación familiar* (art. 2)[54], por agrupación familiar debe entenderse la entrada y residencia en un Estado miembro de los miembros de la familia de un nacional de un tercer país que resida legalmente en dicho Estado miembro con el fin de mantener la unidad familiar.

En cuanto a la solicitud del visado en base a la reagrupación familiar, dispone el artículo 43.3 del Reglamento de la L.O. 4/2000 que "*durante la sustanciación del trámite del visado, la misión diplomática u oficina consular podrá requerir la comparecencia del solicitante y, cuando se estime necesario, mantener una entrevista personal, para comprobar su identidad,* **el vínculo familiar alegado** (la negrita es nuestra,

---

52 Sección 3ª del "*Manual*", *Marco jurídico aplicable.*

53 BOE núm. 299, de 12 de diciembre de 2009, pp. 104986-105031.

54 Diario Oficial de la Unión Europea de 3 de octubre de 2003.

para recalcar el aspecto que nos interesa a los efectos del presente estudio), *en su caso, la dependencia legal o económica y la validez de la documentación aportada*". Cuando se determine la celebración de la entrevista, en ella deberán estar presentes, al menos, dos representantes de la Administración española y el representante del interesado, en caso de que éste sea menor, además del intérprete, en caso necesario. Dicha entrevista, debidamente encauzada, permitirá determinar si se está ante un matrimonio de conveniencia, en cuyo caso se denegará el visado.

En ningún caso el titular del derecho de reagrupación familiar podrá reagrupar a más de un cónyuge, aunque su ley nacional admita la validez de esta modalidad matrimonial. Por lo tanto, en la hipótesis de titular unido en matrimonio poligámico, puede elegir el cónyuge a reagrupar con él, el primero o uno posterior, pero únicamente puede reagrupar a uno. En el supuesto de que decida reagrupar a un cónyuge posterior (y no al primero con el que contrajo matrimonio), si ulteriormente adquiere la nacionalidad española por residencia, el interrogante que se plantea es el siguiente: ¿qué cónyuge tendrá entonces acceso a la posibilidad de adquirir la nacionalidad española por residencia abreviada de 1 año? ¿el reagrupado o el primer cónyuge que no reagrupó? Como ya ha quedado expuesto, el matrimonio sólo será apto como vehículo de adquisición privilegiada de la nacionalidad española cuando sea válido, y de acuerdo con el Ordenamiento jurídico español, que como sabemos configura el matrimonio como una unión monógama, entre dos personas, de distinto o del mismo sexo, sólo el primer matrimonio es válido. En consecuencia, sólo el primer cónyuge tendría dicho beneficio, pero en el caso expuesto no podría hacer uso del mismo porque, al no haber sido reagrupado, no habría podido residir en España durante el año exigido. La única solución, tal y como con acierto propone CARRASCOSA GONZÁLEZ, J.[55], es que esta primera esposa emigre a España por motivos propios, y no a través de la reagrupación familiar, cosa que no sería posible porque ya se habría reagrupado a una esposa ulterior y no a ella, de modo que pueda transcurrir el año de residencia exigido por el artículo 22.2 del Código civil.

La reagrupación de uno sólo de los cónyuges en los supuestos de matrimonios poligámicos se garantiza mediante un sistema de alertas que existe en el Registro Central de extranjeros, que permite detectar la presentación de más de una solicitud de residencia en base al derecho de reagrupación de un mismo titular.

Respecto del extranjero nacional de un tercer estado residente que esté casado en segundas o posteriores nupcias por la disolución de cada uno de sus anteriores matrimonios, sólo podrá reagrupar con él al nuevo cónyuge si acredita que la disolución del vínculo anterior ha tenido lugar tras un procedimiento jurídico que fije la situación del cónyuge anterior y de sus hijos comunes en cuanto al uso de la vivienda común, a la pensión compensatoria a dicho cónyuge y a los alimentos que

55 Ob. cit., p. 32.

correspondan a los hijos menores o mayores en situación de dependencia. En la disolución por nulidad, deberán haber quedado fijados los derechos económicos del cónyuge de buena fe y de los hijos comunes, así como la indemnización, en su caso (art. 17 L.O. 4/2002).

El cónyuge extranjero nacional de un tercer Estado reagrupado podrá obtener una autorización de residencia independiente en los siguientes supuestos (art. 19 L.O. 4/2002):

1. Cuando disponga de medios económicos suficientes para cubrir sus propias necesidades.
2. Cuando acredite que ha sido víctima de violencia de género desde el momento en que se hubiera dictado a su favor una orden de protección o, en su defecto, informe del Ministerio Fiscal que indique la existencia de indicios de violencia de género.

Los matrimonios de conveniencia tampoco son matrimonios idóneos a efectos de la reagrupación familiar[56]. En este sentido, la Directiva 2003/86/CE, del Consejo, de 22 de septiembre de 2003, *sobre el derecho a la reagrupación familiar*, sanciona con la denegación de la entrada o con la no renovación del permiso de residencia, según proceda, si se demuestra que el matrimonio se celebró únicamente para que la persona interesada pudiera entrar y residir en un Estado miembro (art. 16.2.b), a cuyo propósito los Estados miembros podrán tener en cuenta si el matrimonio se formalizó después de que el reagrupante hubiera obtenido la residencia. Por su parte, la Ley 4/2000, de 11 de enero, *sobre derechos y libertades de los extranjeros en España y su integración social*, exige (art. 17), para poder reagrupar al cónyuge, que el matrimonio no se haya celebrado en fraude de ley. En cualquier caso, presumiéndose en principio los matrimonios válidos y desplegando todos sus efectos, corresponderá a la Administración la demostración de la existencia de un fraude[57].

La denegación de la reagrupación familiar no debe considerarse como una vulneración del derecho a la intimidad personal y familiar consagrado en el artículo 8 de la Convención para la Protección de los Derechos Humanos y las Libertades

56 En este sentido establece la STSJ Madrid, Sala Contencioso-Administrativa, Sección 1ª, Sentencia 8/2012 de 13-1-2012, rec. 615/2010, que siendo los matrimonios de conveniencia nulos ante la legislación española, no generan derecho alguno de reagrupación familiar conforme al artículo 39.a que establece el RD 2393/2004, reformado por el RD 1162/2009, de 10 de julio, que aprueba el Reglamento de la L.O. 4/2000, de 11 de enero, sobre derechos y libertades de los extranjeros en España y su integración social, reformada por las Leyes 8/2000, de 22 de diciembre y 11/2003, de 20 de noviembre. En este mismo sentido, entre otras muchas, STSJ Madrid, Sala Contencioso-Administrativa, Sección 1ª, Sentencia 10/2012, de 13-1-2013, rec. 955/2010.

57 *Vide* STSJ Madrid 359/2002 de 14 de marzo de 2002, rec. 504/2000.

Fundamentales (en adelante, CEDH) siempre que esté justificada por una necesidad social imperiosa y sea, en especial, proporcionada a la finalidad legítima perseguida. De acuerdo con el apartado 2 del citado artículo 8, las injerencias en el ejercicio de este derecho por parte de las Autoridades públicas sólo tendrán cabida cuando estén previstas por la ley y constituyan una medida que, en una sociedad democrática, sea necesaria para la seguridad nacional, la seguridad pública, el bienestar económico del país, la defensa del orden y la prevención del delito, la protección de la salud o de la moral, o la protección de los derechos y las libertades de los demás.

El Tribunal Europeo de Derechos Humanos (en adelante, TEDH) rechaza expresamente deducir del artículo 8 CEDH una obligación general de permitir la reagrupación familiar con el único objeto de atender al deseo de las familias de residir en un país determinado. Considera que la reagrupación familiar afecta tanto a la vida familiar como a la inmigración. El alcance de la obligación de un Estado de permitir la entrada de familiares del inmigrante establecido en su territorio depende de las circunstancias particulares de los afectados y del interés general. Conforme a las normas ciertas de Derecho Internacional y sin perjuicio de las obligaciones que se deriven de Convenios Internacionales, los Estados tienen derecho a controlar la entrada de extranjeros en su territorio, y al hacerlo disponen de una amplia facultad discrecional.

En este sentido, el artículo 57, apartado 3º, del Reglamento de la Ley Orgánica 4/2000, "*La misión diplomática u oficina consular denegará el visado en los siguientes supuestos:*

a. *Cuando no se acredite el cumplimiento de los requisitos previstos para su obtención, tras la valoración de la documentación acreditativa de éstos, prevista en el apartado anterior.*
b. *Cuando para fundamentar la petición de visado, se hayan presentado documentos falsos o formulado alegaciones inexactas, o medie mala fe.*
c. *Cuando concurra una causa prevista legalmente de inadmisión a trámite que no hubiera sido apreciada en el momento de la recepción de la solicitud*".

La Disposición Adicional 10ª del Real Decreto 557/2011 establece las siguientes premisas respecto de la tramitación de los visados:

1. "La misión diplomática u oficina consular ante la que se presente la solicitud de visado, si mediara una causa que lo justifique, además de la documentación que sea preceptiva, *podrá requerir los informes que resulten necesarios para resolver dicha solicitud.*
2. Durante la sustanciación del trámite del visado, la misión diplomática u oficina consul*ar podrá requerir la comparecencia del solicitante y, cundo se estime*

> *necesario, mantener una entrevista personal para comprobar su identidad, la validez de la documentación aportada y* **la veracidad del motivo de la solicitud del visado** (la negrita es nuestra). *La incomparecencia, salvo causa fundada debidamente acreditada ante el órgano competente, en el plazo fijado, que no podrá exceder de quince días, producirá el efecto de considerar al interesado desistido en el procedimiento.*
> *"Cuando se determine la celebración de la entrevista dentro de los procedimientos regulados en el Título IV de este Reglamento, en ella deberán estar presentes, al menos, dos representantes de la Administración española, además del intérprete, en caso necesario, y deberá quedar constancia de su contenido mediante un acta firmada por los presentes, de la que se entregará copia al interesado.*
> *Si los representantes de la Administración llegaran al convencimiento de que no se acredita indubitadamente la identidad de las personas, la validez de los documentos,* **o la veracidad de los motivos alegados** (la negrita es nuestra) *para solicitar el visado, se denegará su concesión. En caso de haberse celebrado una entrevista, se remitirá una copia del acta al órgano administrativo que, en su caso, hubiera otorgado inicialmente la autorización".*

De acuerdo con las disposiciones legales y reglamentarias reproducidas, la correspondiente delegación diplomática puede revisar una solicitud de visado por reagrupación en la que previamente se haya concedido al solicitante, por parte de la Subdelegación del Gobierno competente, una autorización de residencia temporal inicial conforme a los dispuesto en el artículo 56, en relación con el artículo 57, del Real Decreto 557/2011, cuando aparezcan nuevos hechos que este Órgano Administrativo residenciado en territorio español no haya podido valorar, pero que en cambio sí puede hacerlo el Órgano de la Administración exterior, que lo puede hacer dando cumplimiento, además, a lo dispuesto en la legislación de extranjería expuesta.

En este sentido afirma el Tribunal Supremo en Sentencia de 25 de julio de 2014[58], con cita de la Sentencia de 25 de abril de 2014[59], que la función del Consulado ante una solicitud de visado por reagrupación no «queda ceñida al mero cotejo de las copias de los documentos con sus originales…Por el contrario, la posibilidad de que la oficina consular aprecie datos o elementos de juicio novedosos que justifiquen la denegación del visado, sólo puede producirse por consecuencia de una actividad instructora mas amplia que la mera comprobación documental…Dentro de la actividad instructora que las autoridades consulares pueden llevar a cabo figura la entrevista personal, y lo mismo hay que entender respecto de una investigación…El

58 Rec. cas. nº 2995/2013.

59 Rec. cas. nº 10/2015.

resultado desfavorable de la entrevista o de la investigación puede determinar...que el Consulado rechace la solicitud de visado en función de hechos relativos al vínculo familiar puestos de manifiesto en aquellos medios probatorios, sobre los que no puede pronunciarse la Subdelegación de Gobierno al conceder la autorización de residencia, y que revelen el carácter fraudulento del matrimonio».

2. FINES PERSEGUIDOS POR EL "OTRO" CONTRAYENTE

Los matrimonios de conveniencia se celebran frecuentemente a cambio de un precio o contraprestación económica; así, un sujeto, que puede ser el propio contrayente extranjero que quiere beneficiarse de las ventajas inherentes al matrimonio con español o residente legal en España en materia de nacionalidad o extranjería, o un tercero (piénsese, por ejemplo, en una red organizada que pretende de este modo retener a sus víctimas en el negocio de la prostitución), paga al contrayente español, nacional de la Unión Europea o del Espacio Económico Europeo o nacional de un tercer Estado con residencia legal en España, una cantidad de dinero para que acceda a contraer matrimonio con él, con el acuerdo común, expreso o tácito, de que nunca habrá el propósito de fundar una familia y de que pasado 1 año, u otro plazo, se instará la correspondiente demanda de separación o divorcio.

Esto es lo frecuente. No obstante, puede ocurrir que el matrimonio se celebre por parte de este "otro" contrayente, no a cambio de un precio, sino de forma altruista, por amistad o incluso por el rechazo a una política de extranjería restrictiva.

Caben, por tanto, cualesquiera motivaciones, económicas, humanitarias o emocionales.

CAPÍTULO IV. TRATAMIENTO JURÍDICO

I. CONVENIENCIA DEL TRATAMIENTO JURÍDICO DE LOS MATRMONIOS DE CONVENIENCIA

Los matrimonios de conveniencia generan importantes consecuencias, tanto en el campo del Derecho Privado, como en la esfera del Derecho Público, que aconsejan su absoluta erradicación. Así lo pone de manifiesto la Dirección General de los Registros y del Notariado en su Instrucción de 31 de enero de 2006.

Desde la perspectiva del Derecho Privado, los matrimonios de conveniencia son "falsos matrimonios", "matrimonios meramente aparentes" en los que no existe un verdadero «consentimiento matrimonial» dirigido a fundar una familia; son, en consecuencia, matrimonios nulos de pleno derecho. Con su celebración se vulnera la normativa, tanto interna[60] como internacional[61], que consagra el carácter intrínsecamente consensual del matrimonio.

60 Art. 45 C.c.

61 Art. 16.2 de la Declaración Universal de Derechos Humanos; art. 23.2 del Pacto Internacional de Derechos civiles y políticos; art. 10.1 del Pacto Internacional de Derechos Económicos, Sociales y Culturales y el art. 1.1 del Convenio de las Naciones Unidas de 7 de noviembre de 1962 sobre el consentimiento para el matrimonio, la edad mínima para contraer matrimonio y el registro de los matrimonios.

Además, genera muchos otros inconvenientes. Así, puede crearse una sociedad de gananciales entre personas que no tienen, ni pretenden tener relación personal alguna, sociedad que habrá que disolver una vez que se inste el divorcio; surgen obligaciones entre los "cónyuges aparentes", como por ejemplo la obligación de alimentos, que puede ser reclamada respectivamente por cada uno de los cónyuges respecto del otro; la paternidad de los hijos de la esposa se atribuye *ex lege* al "aparente marido" en virtud de la presunción de paternidad sobre los hijos matrimoniales que establece el artículo 116 del Código civil; surgen derechos hereditarios, en cuanto a la legítima usufructuaria del cónyuge viudo, o en la sucesión intestada el orden para suceder; ambos cónyuges asumen legitimación para solicitar la incapacitación del otro cónyuge; etc.

Desde una perspectiva de Derecho Público, estos matrimonios potencian el fraude a las normas de la nacionalidad y de la extranjería, al obviar las disposiciones que regulan los permisos de residencia, la reagrupación familiar y la adquisición de la nacionalidad española. Además, fomentan la inmigración ilegal, al propiciar la entrada en España de sujetos que evitan las restricciones de entrada, estancia y residencia establecidas para los extranjeros en la normativa administrativa de extranjería.

2. TRATAMIENTO JURÍDICO DE LOS MATRIMONIOS DE CONVENIENCIA E IUS CONNUBII

Como acabamos de exponer, los matrimonios de conveniencias presentan inconvenientes de Derecho público y privado que aconsejan su absoluta erradicación.

Pero tal erradicación no permite adoptar soluciones radicales; no es posible denegar la autorización de todo matrimonio mixto (en el que intervenga algún elemento de extranjería) para evitar potenciales matrimonios de conveniencia, ni tampoco sancionar con la nulidad todo matrimonio sospechoso de ser un matrimonio de conveniencia, puesto que ello lesionaría el *ius connubii* o derecho a contraer matrimonio de los contrayentes.

El tratamiento jurídico de los matrimonios de conveniencia debe conjugar dos elementos:

1. La lucha contra estos falsos matrimonios, que es deseable erradicar porque instrumentalizan la institución matrimonial, potencian el fraude de ley a las normas de nacionalidad y de extranjería y fomentan la inmigración ilegal.
2. El respeto al *ius connubii*, que es un derecho fundamental de toda persona reconocido por nuestra Constitución y por Convenios Internacionales vigentes en España.

El artículo 32 de la Constitución española reconoce el derecho que el hombre y la mujer tienen a contraer matrimonio con plena igualdad jurídica como expresión específica de la capacidad para obligarse mediante una declaración de voluntad, reservando al Estado, mediante Ley, la regulación de lo relativo a "*las formas de matrimonio, la edad y capacidad para contraerlo, los derechos y deberes de los cónyuges, las causas de separación y disolución y sus efectos*" (art. 32.2 C.E.). De este reconocimiento constitucional se derivan los siguientes rasgos característicos del *ius connubii*[62]:

1. Se trata de un derecho subjetivo que comporta un determinado vínculo entre las partes en términos de igualdad jurídica[63]. Se trata de una concreción del *principio de igualdad* consagrado en el artículo 14 C.E. en el ámbito del derecho a contraer matrimonio fruto de la lucha contra la desigualdad de sexos que rompe con la tradicional subordinación de la esposa respecto del esposo.
2. Aun cuando el matrimonio se configura como una unión entre personas de distinto sexo (matrimonio heterosexual), reconociéndose por ello el derecho al "*hombre y la mujer*", la Ley 13/2005, de 1 de julio, *por la que se modifica el Código civil en materia de derecho a contraer matrimonio*, modificó el Código civil permitiendo el matrimonio entre personas del mismo sexo (matrimonio homosexual), otorgando tratamiento jurídico a una realidad social que ha sido objeto de reconocimiento y aceptación social creciente, superándose arraigado prejuicios y estigmatizaciones. Esta opción se reconoce con base en los siguientes fundamentos constitucionales:
   a. La promoción de la igualdad efectiva de los ciudadanos en el libre desarrollo de su personalidad (arts. 9.2 y 10.1 C.E.).
   b. La preservación de la libertad en lo que a las formas de convivencia se refiere (art. 1.1 C.E.).
   c. La instauración de un marco de igualdad real en el disfrute de los derechos, sin discriminación alguna por razón de sexo, opinión o cualquier otra condición personal o social (art. 14 C.E.).
3. Se trata de un derecho subjetivo que, en cuanto derecho natural e inherente a la dignidad humana, debe predicarse tanto de españoles como de extranjeros. Pese a que el artículo 32 C.E. está sistemáticamente ubicado en la sección relativa a los derechos y deberes de los ciudadanos españoles (Sección 2. *De los derechos y deberes de los ciudadanos*; Capítulo 2. *Derechos y libertades*; Título

---

62 Sobre el particular GARCÍA VÁZQUEZ, S. y GOIZUETA VÉRTIZ, J.: Ob. cit. p. 420.

63 TORRES DEL MORAL, A.: *Principios de Derecho Constitucional español*, Servicio de Publicaciones de la Facultad de Derecho de la Universidad Complutense de Madrid, Madrid, 1998, p. 298.

Primero. *De los derechos y deberes fundamentales*), debe tenerse en cuenta que el mismo, de acuerdo con el artículo 10.2 C.E., debe interpretarse, igual que el resto de las normas relativas a los derechos fundamentales y a las libertades públicas que la Constitución reconoce, de conformidad con la Declaración Universal de Derechos Humanos y los Tratados y Acuerdos Internacionales sobre la materia ratificados por España. Y habida cuenta de que estos Textos Internacionales reconocen a la persona el *ius connubii* sin discriminación por razón de nacionalidad, este derecho debe reconocerse como un derecho fundamental de la persona, ya sea nacional o extranjera[64].

4. El artículo 32 C.E. opta por la monogamia como esquema matrimonial. El matrimonio se configura como la unión entre un solo hombre y una sola mujer, requisito éste que deberá predicarse igualmente del matrimonio homosexual, ya que "*el matrimonio tendrá los mismo requisitos y efectos cuando* ambos contrayentes (el subrayado es nuestro) *sean del mismo o de diferente sexo*" (art. 44.2 C.c.). En coherencia con ello, el artículo 46.2 del Código civil establece, como impedimento de matrimonio, el de ligamen, prohibiendo contraer matrimonio a "*los que estén ligados con vínculo matrimonial*".

De acuerdo con la Sentencia de la Audiencia Nacional de 17 de marzo de 2015[65], que remite a la Sentencia del Tribunal Supremo de 14 de julio de 2004, «la poligamia

64 Reconocen el *ius connubii* como derecho de la persona, cualquiera que sea su nacionalidad, el artículo 16 de la Declaración Universal de los Derechos Humanos, adoptada y proclamada por la Resolución de la Asamblea General de diciembre de 1948, de acuerdo con el cual "*Los hombres y las mujeres a partir de la edad núbil, tienen derecho, sin restricción alguna por motivos de raza, nacionalidad o religión, a casarse y fundar una familia, y disfrutarán de iguales derechos en cuanto al matrimonio, durante el matrimonio y en caso de disolución del matrimonio*", el artículo 12 del Convenio de Roma sobre la protección de los Derechos Humanos y de las Libertades Fundamentales (Consejo de Europa), hecho en Roma el 4 de noviembre de 1950, a cuyo tenor "*A partir de la edad núbil, el hombre y la mujer tienen derecho a casarse y a fundar una familia según las leyes nacionales que rigen el ejercicio de este derecho*", el artículo 5 de la Convención Internacional sobre la eliminación de todas las formas de discriminación racial, adoptada y abierta a la firma y ratificación por la Asamblea General en su Resolución 2106 A (XX), de 21 de diciembre de 1965, en el que se dice que "*...los Estados partes se comprometen a prohibir y eliminar la discriminación racial en todas sus formas y a garantizar el derecho de toda persona a la igualdad ante la ley, sin discriminación de raza, color y origen nacional o étnico, particularmente en el goce de los derechos siguientes: (...) d) Otros derechos civiles, en particular: (...) iv) El derecho al matrimonio y a la elección del cónyuge*", el artículo 23.2 del Pacto Internacional de Derechos Civiles y Políticos, adoptado y abierto a la firma, ratificación y adhesión por la Asamblea General en su Resolución 2200 A(XXI) de 16 de diciembre de 1966, que establece que "*Se reconoce el derecho del hombre y de la mujer a contraer matrimonio y a fundar una familia si tienen edad para ello*" y el artículo 9 de la Carta de Derechos Fundamentales de la Unión Europea de 18 de diciembre de 2000, según el cual "*Se garantiza el derecho a contraer matrimonio y el derecho a fundar una familia según las leyes nacionales que regulen su ejercicio*". Todos estos Instrumentos Internacionales configuran el *ius nubendi* como un derecho esencial de todo ser humano.

65 Sala de lo Contencioso, Sentencia 1114/2015, rec. 2024/2013.

no es simplemente algo contrario a la legislación española, sino algo que repugna al orden público español, que constituye siempre un límite infranqueable a la eficacia del derecho extranjero (art. 12.3 CC). Entendido el orden público como el conjunto de aquellos valores fundamentales e irrenunciables sobre los que se apoya nuestro ordenamiento jurídico, resulta incuestionable la incompatibilidad con el mismo de la poligamia; y ello sencillamente porque la poligamia presupone la desigualdad entre mujeres y hombres, así como la sumisión de aquéllas a éstos. Tan opuesta al orden público español es la poligamia, que el acto de contraer matrimonio mientras subsiste otro matrimonio anterior es delito en España (art. 217 CP)».

En síntesis, el *ius nubendi* o *ius connubii* es el derecho subjetivo del que goza toda persona a contraer matrimonio de manera libre con quien elija, dentro de los límites señalados por la ley[66]. Por ello, como acertadamente sostiene la Resolución de la Dirección General de los Registros y del Notariado de 9 de octubre de 1993 (afirmación reiterada constantemente por la misma Dirección General de los Registros y del Notariado en Resoluciones ulteriores) «cualquier limitación, postergación o denegación de este derecho ha de fundarse en la certeza racional absoluta del obstáculo o impedimento legal que vicie de nulidad el matrimonio pretendido. (...) Ante la opción de autorizar un matrimonio que eventualmente sea declarado nulo o de coartar el «*ius connubii*», este Centro Directivo ha de elegir la primera alternativa. Siempre quedará a salvo la posibilidad de que el Ministerio Fiscal inste judicialmente la nulidad del matrimonio (cfr. art. 74 Cc) en un juicio declarativo ordinario en el que con toda amplitud podrán enjuiciarse las circunstancias del caso concreto».

3. TRATAMIENTO JURÍDICO DE LOS MATRIMONIOS DE CONVENIENCIA DESDE LA PERSPECTIVA DEL DERECHO INTERNACIONAL PRIVADO

a. Ley aplicable al consentimiento matrimonial

La presencia, en los matrimonios de conveniencia, de al menos un elemento de extranjería, justifica que su tratamiento jurídico se ubique en el marco del Derecho Internacional Privado.

---

66 Las limitaciones que a tales efectos se establecen en la legislación española son las contenidas en los artículos 46 y 47 del Código civil. De acuerdo con el artículo 46 C.c. "*No pueden contraer matrimonio: 1.º Los menores de edad no emancipados. 2.º Los que estén ligados con vínculo matrimonial.*"; y según el artículo 47 C.c.: "*Tampoco puede contraer matrimonio entre sí: 1.º Los parientes en línea recta por consanguinidad o adopción. 2.º Los colaterales por consanguinidad hasta el tercer grado. 3.º Los condenados como autores o cómplices de la muerte dolosa del cónyuge de cualquiera de ellos*".

La regulación que nos ofrece el Derecho Internacional Privado español del matrimonio es deficiente, fragmentaria e incompleta. Carece de rigurosidad sistemática y presenta muchas lagunas[67]. En efecto, únicamente se hace referencia a la ley aplicable a los "*efectos del matrimonio*" (art. 9.2 C.c.) y a la ley aplicable para determinar la validez de los pactos o capitulaciones por los que se estipule, modifique o sustituya el régimen económico del matrimonio. No existe, sin embargo, una norma de conflicto que indique específicamente la ley aplicable al consentimiento matrimonial, y tampoco constan los criterios que habrán de tenerse en cuenta, suponiendo que la ley aplicable al consentimiento matrimonial fuera la española, para determinar si el matrimonio que pretende celebrarse o inscribirse en el Registro civil es un matrimonio de conveniencia.

Estas deficiencias justifican la intervención de la Dirección General de los Registros y del Notariado en este ámbito a través de la Instrucción de 31 de enero de 2006 *sobre los matrimonios de complacencia* y de innumerables Resoluciones que la aplican e interpretan.

Como ya se ha dicho, el tratamiento jurídico de los matrimonios de conveniencia en el Derecho Internacional Privado debe conjugar dos factores, sólo aparentemente contradictorios:

1. El respeto al *ius connubii*, en cuanto derecho subjetivo inherente a la persona, con independencia de cuál sea su nacionalidad; y
2. La lucha contra estos "matrimonios aparentes", que tantos problemas de índole pública y privada plantean.

La consecución de este doble objetivo impide la adopción al respecto de soluciones radicales. Así, la autorización de la celebración o de la inscripción en el Registro Civil de todo matrimonio mixto sospechoso de ser un matrimonio de conveniencia para evitar lesionar el *ius connubii* de los contrayentes, culminaría en una catarata de fraudes de ley a las normas de nacionalidad y extranjería; y por el contrario, la denegación de la autorización o de la inscripción en el Registro Civil de todo matrimonio mixto sospechoso de ser un matrimonio de conveniencia a fin de evitar fraudes de ley en materia de nacionalidad y de extranjería, podría lesionar el *ius connubii* de los contrayentes.

---

67 La reforma operada en materia matrimonial a través de la Ley 30/1981, de 7 de julio, se limita a abordar ciertos aspectos del matrimonio en el ámbito del Derecho Internacional Privado, en concreto, en relación con la separación y el divorcio. Además, el legislador de 1985 olvidó incluir en la LOPJ un Foro de competencia judicial internacional en materia de celebración del matrimonio, lo que ha obligado a los operadores jurídicos a forzar al máximo las reglas existentes en el sistema. Ambas circunstancias justifican el notable protagonismo de la Jurisprudencia y la Práctica registral española en materia matrimonial; CALVO CARAVACA, A.L. y CARRASCOSA GONZÁLEZ, J.: Ob. cit., p. 1.

La solución correcta aconseja una previa determinación de la intención fraudulenta de los contrayentes, de manera que, si existen indicios de que el matrimonio a autorizar o a inscribir en el Registro Civil, aparentemente de conveniencia, puede no serlo, deberá prevalecer siempre el *ius connubii* y permitirse dicha celebración o inscripción; si por el contrario, es demostrable la clara intención fraudulenta de los contrayentes, deberá denegarse la autorización o la inscripción por ausencia de «consentimiento matrimonial». Esta es la posición que parece adoptar la Dirección General de los Registros y del Notariado en su Resolución de 9 de octubre de 1993, reiterada por innumerables Resoluciones posteriores, al afirmar que «el «*ius nubendi*» es un derecho fundamental de la persona, reconocido a nivel internacional y constitucional, de suerte que cualquier limitación, postergación o denegación de este derecho ha de fundarse en la certeza racional absoluta del obstáculo o impedimento legal que vicie de nulidad el matrimonio pretendido. (...) Ante la opción de autorizar un matrimonio que eventualmente sea declarado nulo o de coartar el «*ius connubii*», este Centro Directivo ha de elegir la primera alternativa. Siempre quedará a salvo la posibilidad de que el Ministerio Fiscal inste judicialmente la nulidad del matrimonio (cfr. art. 74 Cc) en un juicio declarativo ordinario en el que con toda amplitud podrán enjuiciarse las circunstancias del caso concreto».

En este sentido, el "*Manual sobre matrimonios de conveniencia*" elaborado por los Servicios de la Comisión para hacer frente a este tipo de fraude entre nacionales de un Estado miembro y nacionales de un tercer Estado, destaca recientemente que las medidas adoptadas por las Autoridades nacionales para investigar presuntos casos de matrimonios de conveniencia y reunir pruebas, deben respetar las garantías procesales esenciales impuestas por la legislación nacional y de la Unión Europea. Las investigaciones sobre estos matrimonios sólo pueden darse cuando existan dudas fundadas sobre su autenticidad (Sección *Marco jurídico aplicable*).

Con este planteamiento redacta la Dirección General de los Registros y del notariado su Instrucción de 31 de enero de 2006 *sobre matrimonios de complacencia*, en la que ofrece un tratamiento jurídico sistemático, exhaustivo y plenamente ajustado a derecho, tanto nacional como internacional privado, de los matrimonios de conveniencia, e intenta proporcionar los criterios adecuados para resolver aquellas lagunas legislativas de que adolece el Derecho Internacional Privado español en materia de matrimonio.

La primera cuestión que se plantea la Dirección General de los Registros y del Notariado es la de concretar la ley aplicable a la formación del matrimonio. Al respecto tuvo que elegir entre dos posturas claramente diferenciadas:

1. **Teoría de la Ley única**: De acuerdo con los partidarios de esta tesis la formación del matrimonio, es decir, los requisitos de fondo y de forma del matrimonio, se regula por una única ley, la *Lex matrimonii*, que es la Ley del Estado

al que pertenece la Autoridad ante la que se celebra el matrimonio, esto es, la *Lex Auctoritatis*. Por lo tanto, será esta *Lex Auctoritatis* la que regulará todo lo relativo a la capacidad, al consentimiento y a la forma de celebración, siendo la nacionalidad de los contrayentes, el lugar de su residencia habitual y el de su domicilio irrelevantes a tales efectos[68].

Siguiendo esta orientación, cuando el matrimonio se celebra ante Autoridad española, el consentimiento matrimonial deberá regirse siempre por la ley sustantiva española, con independencia de cuál sea la nacionalidad de los contrayentes (español uno y extranjero el otro, o extranjeros los dos y, en este último caso, de la misma o de diversa nacionalidad).

Los argumentos en pro de esta teoría pueden sintetizarse del siguiente modo: El consentimiento matrimonial debe entenderse referido al contenido del matrimonio y, en consecuencia, debe regirse por la *Lex matrimonii*, que no es otra que la *Lex Auctoritatis*.

Cuando se celebra un matrimonio al amparo del sistema matrimonial español, es la ley española la que debe determinar qué derechos y deberes asumen los contrayentes y qué consecuencias comporta la ausencia de consentimiento matrimonial. Dicho de otro modo, cuando el consentimiento matrimonial se emite ante Autoridad española, se acepta el contenido del matrimonio (derechos y deberes que se asumen) tal y como se configura en el Derecho español. Por ello, en la celebración del matrimonio se da lectura a los artículos 66 a 68 del Código civil (por aplicación del artículo 58 del mismo Cuerpo legal), que se refieren a los derechos y deberes que se asumen al prestar el consentimiento matrimonial, para que los contrayentes sean conscientes de lo que comporta la emisión de tal consentimiento.

La sumisión, en cambio, del consentimiento matrimonial a la ley nacional de los contrayentes al tiempo de la celebración del matrimonio, podría desembocar en que cada uno de ellos consienta una cosa distinta; así ocurrirá cuando las leyes nacionales de los contrayentes tengan consideraciones distintas acerca de lo que deba entenderse por matrimonio.

El sometimiento del consentimiento de los contrayentes a su ley personal llevaría al absurdo de hacer estudiar a los Encargados del Registro Civil la legislación extranjera a efectos de valorar la validez del consentimiento

---

68 En este sentido ÁLVAREZ GONZÁLEZ, S.: *Nota a la Resolución-Circular de la DGRN de 29 de julio de 2005 sobre matrimonios civiles entre personas del mismo sexo*, REDI, 2005, vol. LVII, pp. 1007-1012, en concreto p. 1012 y *Matrimonio de conveniencia: argumentos vergonzantes y paradojas inocuas*, Dereito, vol. 16, nº 1, 29-51 (2007), ISSN 1132-9947, pp. 37 y 38; ARENAS GARCÍA, E.: *Crisis matrimoniales Internacionales. Nulidad matrimonial, separación y divorcio en el Nuevo Derecho Internacional Privado español*, Universidad de Santiago de Compostela, 2004, pp. 206 y 207 y 215 a 219; y OREJÓN PRIETO DE LOS MOZOS, P.: Ob. cit., pp. 4 y ss.

matrimonial emitido por el contrayente o los contrayentes extranjeros, cuando la más mínima discrepancia que pueda suscitarse con respecto a la ley española determinará la aplicación de esta última en base al expediente del orden público internacional español.

2. **Teoría de la Ley múltiple:** Esta teoría sostiene que en la formación del matrimonio hay que distinguir tres aspectos: capacidad, consentimiento y forma, cada uno de los cuales debe ser objeto de regulación por una norma de conflicto diferente; así:

   a. *La capacidad nupcial* se sujeta a la ley nacional de cada contrayente al tiempo de la celebración del matrimonio por aplicación del artículo 9.1 del Código civil, porque se trata de una materia incluida en la categoría de estatuto personal.
   Esta regla de conflicto coincide con la acogida por el Convenio nº 20 de la Comisión Internacional del Estado Civil, firmado en Munich el 5 de septiembre de 1980, *relativo a la expedición de un certificado de capacidad matrimonial* (cfr. art. 1), y con el contenido de la Recomendación de la citada Comisión adoptada en Viena el 8 de septiembre de 1976, *relativa al derecho al matrimonio*, y que parte de la premisa de la competencia de los Estados miembros para regular los requisitos, capacidad e impedimentos para contraer matrimonio[69].
   Por lo tanto, será la ley nacional de cada contrayente la que determine si el mismo reúne o no los requisitos de capacidad suficientes para contraer matrimonio, entre los que se encuentran la capacidad natural para prestar consentimiento matrimonial y la ausencia de impedimentos matrimoniales.
   No obstante, la aplicación de la ley nacional quedará excluida cuando se trate de una ley extranjera que vulnere el orden público internacional español, como sucedería con aquellas que permiten el matrimonio poligámico[70], el matrimonio entre menores de edad[71], las que prohíben contraer matrimonio entre personas de distintas religiones, en particular las que limitan el derecho de la mujer musulmana a contraer matrimonio con

69 En este mismo sentido SSTS 29 de mayo de 1970 y 22 de noviembre de 1977 y RRDGRN 6(1ª) de noviembre de 2000, 24(3ª) de mayo de 2002 y 24 (3ª) de enero de 2005, entre otras muchas.

70 RRDGRN 14 de diciembre de 2000 y 4 (7ª) de diciembre de 2002.

71 RDGRN 15 (3ª) de junio de 2004 *a sensu contrario*. Respecto de la exclusión de la ley nacional del contrayente extranjero por vulneración del orden público internacional español al permitir matrimonio con niñas menores de edad *vide* RDGRN 27 de mayo de 1994.

varón no musulmán[72], las que impiden el matrimonio entre transexual y persona d su mismo sexo biológico pero distinto sexo legal por no reconocer el cambio de sexo declarado judicialmente en España[73] y aquellas que autorizan el matrimonio sin necesidad de la voluntad libre y real prestada por cada uno de los contrayentes o aún en contra de la voluntad de los mismos[74].

Hasta el año 2005 en España se exigía, como requisito de capacidad para contraer matrimonio, la condición heterosexual de sus miembros, requisito que ha desaparecido merced a la Ley 13/2005, de 1 de julio, por la que se modificó el Código civil en materia de derecho a contraer matrimonio, que estableció la igualdad entre el matrimonio heterosexual y el homosexual. Esta Ley no introdujo modificación alguna en las normas del Derecho Internacional Privado español, lo que suscitó el interrogante de determinar cuál será la ley aplicable a los matrimonios mixtos de español/a y extranjero/a en materia de capacidad matrimonial, en particular por lo que se refiere al impedimento de identidad de sexo, o dicho en otros términos, si la permisión de la ley española respecto de los matrimonios homosexuales se extiende también cuando concurren elementos de extranjería, es decir, cuando uno o ambos contrayentes son extranjeros.

Precisamente éste fue el interrogante que motivó la Resolución Circular de la Dirección General de los Registros y del Notariado de 29 de julio de 2005 sobre matrimonios civiles entre personas del mismo sexo, de acuerdo con la cual no cabe duda de la validez de los matrimonios celebrados entre español y extranjero o entre extranjeros residentes en España del mismo sexo, por aplicación de la ley material española, aunque la legislación nacional del extranjero no permita o no reconozca la validez de tales matrimonios, y ello tanto si la celebración ha tenido lugar en España como en el extranjero, sin perjuicio, en este último caso, del obligado cumplimiento de los requisitos de forma y competencia.

b. *El «consentimiento matrimonial»* se somete igualmente a la ley nacional de los contrayentes (art. 9.1 C.c.). En Derecho Internacional Privado español no existe una norma de conflicto que específicamente señale la ley aplicable al «consentimiento matrimonial», mas de acuerdo con la doctrina mayoritaria, postura ésta compartida también por la Dirección General de

72 RRDGRN 7 de junio de 1992 y 10 (11ª) de junio de 1999.

73 RDGRN 24 (3ª) de enero de 2005.

74 RDGRN 7(1ª) de julio de 2005. *Vide* Resolución-Circular de la Dirección General de los Registros y del Notariado de 29 de julio de 2005 *sobre matrimonios civiles entre personas del mismo sexo*, BOE nº 188, de 8 de agosto de 2005.

los Registros y del Notariado, resulta de aplicación a tales efectos la disposición contenida en el artículo 9.1 del Código civil. Este planteamiento se fundamenta en los siguientes argumentos:

b.1. El consentimiento matrimonial es un cuestión que afecta al estado civil (en efecto, en su virtud el sujeto que lo emite pasa de tener el estado civil de soltero a ostentar el de casado), al que se refiere el artículo 9.1 del Código civil[75].
b.2. El artículo 9.1 del Código civil constituye la regla general reguladora de todos los aspectos relacionados con el "estatuto personal" en Derecho Internacional Privado español, de manera que, en defecto de una norma especial aplicable al «consentimiento matrimonial», deberá aplicarse aquélla[76].

En tal sentido, deberá procederse a una aplicación distributiva de las leyes nacionales de los contrayentes; el consentimiento matrimonial de cada uno de ellos se regulará por la que sea su ley nacional al tiempo de prestarlo, es decir, en el momento de la celebración del matrimonio. Esta ley será la que deberá determinar si aquel consentimiento es aparente o real, sus vicios, los efectos del consentimiento viciado o simulado, el plazo para el ejercicio de las acciones y las personas legitimadas. Esta es la postura defendida por la Dirección General de los Registros y del Notariado por entender que es la adoptada por el Legislador español.
De acuerdo con la Resolución de la Dirección General de los Registros y del Notariado (Resolución 9ª) de 3 de enero de 2014, «si bien nuestro Derecho positivo carece de una norma específica y autónoma respecto del consentimiento matrimonial, no debe escapar a la consideración del intérprete que el citado consentimiento matrimonial, como elemento esencial en la celebración del matrimonio (cfr. art. 45 C.c.), es materia directamente vinculada al "Estado civil" y, como tal, sujeta al mismo estatuto personal de los contrayentes».
En contra de lo manifestado por los defensores de la ley única, debe advertirse que esta solución de la «aplicación distributiva» de las leyes nacionales de los contrayentes, no conducirá en ningún caso a supuestos en

75 GONZÁLEZ CAMPOS, J.D.: *Artículo 49 del Código civil*, Comentarios del Código civil, Ministerio de Justicia, Madrid, 1991, p. 277 y *Derecho de Familia. El Matrimonio. Derecho Internacional Privado. Parte especial*, 6ª ed. rev., Eurolex, Madrid, 1995, pp. 296-300.

76 AMORES CONRADI, M.A.: *Comentarios del Código civil*, Ministerio de Justicia, Madrid, 1991, pp. 76-79 y GONZÁLEZ CAMPOS, J.D.: *Derecho de Familia*...cit., p. 298.

los que los contrayentes, perteneciendo a nacionalidades distintas cuyas leyes atribuyan un contenido diverso al matrimonio, consientan en asumir derechos y deberes distintos, y ello porque tales derechos y deberes que se asumen por los contrayentes al manifestar su consentimiento matrimonial, son los llamados «efectos del matrimonio» que, de acuerdo con lo establecido en el artículo 9.2 del Código civil, se determinan con arreglo a la ley del Estado ante cuya Autoridad se celebra el matrimonio. En síntesis, con la adopción de este criterio no existe riesgo alguno de que cada uno de los contrayentes consienta en asumir derechos y deberes distintos, pues merced al citado artículo 9.2 del Código civil, ambos asumirán los establecidos por la *Lex Loci Celebrationis*.

A lo anterior debe añadirse que con este planteamiento se supera uno de los grandes inconvenientes que presenta la tesis de la ley única, que es el del carácter meramente casual o exótico del lugar de celebración del matrimonio, que daría lugar a la aplicación al matrimonio de leyes propias de lugares que nada tendrán que ver con la vida real del matrimonio.

Admitiendo la aplicación, al consentimiento matrimonial, de la ley personal de los contrayentes, deben distinguirse dos supuestos:

1. Supuestos en los que ambos contrayentes son extranjeros, en los que, en principio, resultará improcedente aplicar la ley española al consentimiento matrimonial prestado.

El «consentimiento matrimonial» de cada contrayente se regirá por su ley nacional al tiempo de celebrarse el matrimonio, siendo dicha ley a la que deberá acudir el Encargado del Registro Civil para valorar la validez o no de aquel consentimiento.

Si uno de los cónyuges pasa a adquirir con posterioridad a la celebración del matrimonio la nacionalidad española, la doctrina de la Dirección General de los Registros y del Notariado sostiene que no procede la aplicación de las normas españolas sobre el «consentimiento matrimonial». De acuerdo con la Resolución (9ª) de 3 de enero de 2014 «no hay puntos de conexión que la justifiquen porque la capacidad de los contrayentes, a la fecha de celebración del matrimonio, que es el momento en que ha de ser valorada, se rige por su anterior ley personal (cfr. art. 9.1 C.c.)».

Ahora bien, si la ley nacional de uno de los contrayentes admitiera la validez y eficacia de un consentimiento matrimonial simulado o ficticio, dicha ley no será aplicable por resultar contraria al orden público internacional español (art. 12.3. C.c.), debiendo acudirse en su lugar a la ley material española. *A contrario sensu*, cuando la ley extranjera que regula el «consentimiento matrimonial» del contrayente extranjero no vulnera el orden público internacional español, dicha ley extranjera deberá aplicarse en España[77].

2. Supuestos en los que uno de los contrayentes es Español y el otro extranjero.

En tales hipótesis debería analizarse o valorarse la validez del «consentimiento matrimonial» de los contrayentes atendiendo a la ley española, con respecto al prestado por el contrayente español, y a la ley extranjera que corresponda, en relación con el manifestado por el contrayente extranjero. No obstante cabe llevar a cabo una operación de «economía conflictual», analizando exclusivamente la validez del consentimiento del contrayente español con arreglo a la ley española, de suerte que si dicho consentimiento no es un auténtico «consentimiento matrimonial», podrá considerarse que el matrimonio no es válido sin necesidad de entrar en el examen de la validez del «consentimiento matrimonial» del contrayente extranjero de acuerdo con su ley nacional.

En ambos casos se procederá a la lectura, en la celebración del matrimonio, de los artículos 66, 67 y 68 del Código civil por aplicación del artículo 58 del mismo Cuerpo legal, pero esto no significa, como deducen los partidarios de la tesis de la ley única, que deba aplicarse el Derecho español a todo matrimonio celebrado ante Autoridad española. La lectura de dichos preceptos, en los que se contienen los derechos y deberes que asumen los cónyuges al manifestar su consentimiento matrimonial, esto es los «efectos del matrimonio», es una mera formalidad que debe observarse cuando el matrimonio se celebra ante Autoridad española, y en cuanto tal no afecta a los «efectos del matrimonio» que se proyectan sobre los cónyuges. Es más, si se produjera una colisión formal de normas entre el artículo 9.2 del Código civil, que determina los derechos y deberes del matrimonio en los casos internacionales, y el artículo 58 del Código civil, precepto instrumental diseñado para casos internos, debe prevalecer lógicamente el primero. En este sentido afirman CALVO CARAVACA y CARRASCOSA GONZÁLEZ[78] que «el artículo 58 indica que el Juez, Alcalde o funcionario debe leer los artículo 66, 67 y 68 a todos los contrayentes que celebran su enlace ante dichas autoridades públicas. Ahora bien, el artículo 58 no conduce a la aplicación del Derecho Español a los «efectos del matrimonio» en

77 El consentimiento matrimonial, real y libre, es una cuestión de orden público, tanto en nuestro Derecho Interno como en el Derecho Internacional Convencional. *Vide* en particular el Convenio relativo al consentimiento para el matrimonio hecho en Nueva York el 10 de diciembre de 1962.

78 Ob. cit., pp. 8 y 9.

relación con todo matrimonio celebrado ante autoridad española. En efecto, es fácil percibir que el artículo 58 está diseñado exclusivamente para casos internos (matrimonios sin elementos extranjeros y que no producen efectos internacionales) en los cuales es lógico y natural que los «efectos del matrimonio» se regulen por el derecho material español. La norma presenta una clarísima laguna axiológica en el campo de los conflictos de leyes [la cuestión aparece «formalmente regulada» pero no «realmente regulada» pues nunca fue la intención del legislador ni del artículo 58 establecer una regulación de los preceptos legales relativos a los derechos y deberes de los cónyuges que deben ser leídos a los contrayentes en los casos internacionales de matrimonio]. Resulta absurdo afirmar que los derechos y deberes derivados del matrimonio contenidos en los artículos 66-68 se van a aplicar a dos marroquíes que contraen matrimonio ante Alcalde español. Y ello porque los efectos del matrimonio de estos sujetos se rigen por el derecho marroquí (art. 9.2). Y los derechos y deberes derivados del matrimonio recogidos en los artículos 66-68 nunca serán de aplicación a esos marroquís. Esa lectura no tienen efecto legal alguno y ningún sentido».

En síntesis, en el problema de los matrimonios de conveniencia debe analizarse si el consentimiento matrimonial es o no válido con arreglo a la ley personal (nacional) de los contrayentes al tiempo de la celebración del matrimonio.

c. *La forma de celebración* se rige por la *Lex Loci Celebrationis*, aunque en ciertos supuestos puede venir regulada por la ley nacional de los contrayentes (arts. 49 y 50 C.c.).

Al respecto deben distinguirse los siguientes supuestos:

c.1. Matrimonio celebrado en España:

- Si el matrimonio es mixto (un contrayente es español y el otro extranjero), la forma deberá ajustarse a la ley española, esto es, a la *Lex Loci Celebrationis*. En tal caso no será posible someter la forma a la ley nacional del contrayente extranjero.
- Si los dos contrayentes son extranjeros, éstos podrán contraer matrimonio en la forma prevista por la ley española (Lex Loci Celebrationis) o de acuerdo con la ley personal del ambos, si es común, o con la de cualquiera de ellos, si es distinta.

c.2. Matrimonio celebrado en el extranjero:

- Si ambos contrayentes son españoles o el matrimonio es mixto (uno es español y el otro extranjero), podrán contraer matrimonio conforme a la forma prevista por la ley española, o de conformidad con la Lex Loci Celebrationis.

- Si ambos contrayentes son extranjeros, podrán hacerlo conforme a la forma prevista por la ley personal de cualquiera de ellos, si es distinta, o por la común, si gozan de la misma nacionalidad, o de acuerdo con la *Lex Loci Celebrationis.*

En los matrimonios de conveniencia el problema que se plantea es el de determinar la validez o no del consentimiento matrimonial prestado por los contrayentes, lo cual, de acuerdo con lo que se acaba de exponer, deberá valorarse con arreglo a la ley nacional de aquéllos.

b. Control del fraude: medidas preventivas y represivas

La otra gran laguna legislativa que dijimos existe en el tratamiento jurídico de los matrimonios de conveniencia en el Derecho Internacional Privado español es la ausencia, en los casos en que la ley a aplicar para valorar la validez del consentimiento matrimonial sea la española, de los criterios que habrán de tenerse en cuenta para determinar si el matrimonio que pretende celebrarse o inscribirse es un matrimonio de conveniencia.

A este propósito responden las Instrucciones de la Dirección General de los Registros y del Notariado de 9 de enero de 1995 y de 31 de enero de 2006, que constituyen medidas de control de matrimonios de conveniencia con el objetivo de probar la falsedad del matrimonio que pretende celebrarse y/o inscribirse. En este sentido, la Dirección General de los Registros y del Notariado desarrolla dos tipos de medidas o controles:

1. *Medidas de carácter preventivo, a priori*, con el objetivo de evitar la celebración de los matrimonios de conveniencia, para lo cual se elaboró la Instrucción de 9 de enero de 1995 *sobre expediente previo al matrimonio cuando uno de los contrayentes está domiciliado en el extranjero.*
2. *Medidas de carácter represivo o sancionador, a posteriori*, con el propósito de evitar la inscripción de un matrimonio ya celebrado que reviste clara apariencia de ser un matrimonio de conveniencia.

Conforme a la doctrina más reciente de este Centro Directivo[79], «especialmente a partir de la I. 9-1-1995 y de la RDGRN 30-5-1995, el momento oportuno para

---

79 Resoluciones (3ª) de 18 de octubre de 1996 y (4ª) de 18 de enero de 1999.

intentar descubrir el fraude es, dentro del expediente previo, el trámite de la audiencia reservada y por separado, de cada contrayente (cfr. art. 246 RRC y la regla 3ª I. 9-1-1995), mientras que ese momento, tratándose de un matrimonio ya celebrado en el extranjero en la forma local, ha de centrarse en «las declaraciones complementarias oportunas» que, junto con «la certificación expedida por autoridad o funcionario del país de celebración» integran el título inscribible, por aplicación del artículo 256 RRC».

El *principio de legalidad* y el *principio de concordancia del Registro con la realidad* (arts. 13 y 16.1, respectivamente, LRC) impide, tanto que las Autoridades competentes españolas autoricen un matrimonio nulo (y tal nulidad debe predicarse de los matrimonios de conveniencia), como que inscriban un matrimonio nulo celebrado ante Autoridad extranjera.

Los matrimonios de conveniencia son matrimonios nulos de pleno derecho por ausencia de verdadero consentimiento matrimonial, y por ello debe intentar evitarse su celebración en la medida de los posible; si aun así el matrimonio se ha logrado celebrar, superando los controles preventivos establecidos al efecto, debe impedirse su inscripción en el Registro Civil, evitando de este modo el otorgamiento de efectos a un matrimonio nulo de pleno derecho[80].

b. 1. Control preventivo

Mediante el "control preventivo" se pretende evitar la celebración de matrimonios de conveniencia. Se trata de evitar que los contrayentes disfruten de la "apariencia matrimonial" y se beneficien de las ventajas asociadas a la misma.

A tal efecto, la Instrucción de la Dirección General de los Registros y del Notariado de 9 de enero de 1995 potencia y eleva a fundamental, dentro del expediente previo al matrimonio, el trámite de la audiencia previa, reservada y por separado, realizada a los contrayentes por parte del Instructor asistido del Secretario (arts. 238 a 254 RRC).

Dicha Instrucción se configura, por tanto, como un medio de control preventivo y previo no sólo de la capacidad nupcial, sino también del consentimiento matrimonial de los contrayentes. Facultad de control previo que se reconoce a los Estados Miembros de la Unión Europea en la Resolución del Consejo del 4 de diciembre de 1997 *sobre las medidas que deberán adoptarse en materia de lucha contra los matrimonios fraudulentos*, que hace la siguiente salvedad en su cuarto considerando: «... la presente Resolución no menoscaba la facultad de los Estados miembros para

80 En este sentido PEREZ VALLEJO, A.M.: *Notas sobre la ineficacia que deriva de la nulidad de los matrimonios de complacencia*, Estudios sobre invalidez e ineficacia, nulidad de los actos jurídicos, Nulidad, Nul.-Estudios (ISSN 1699-3500), Nul.-Comentarios (ISSN 1699/3519), 2006.

comprobar en su caso, antes de celebrarse un matrimonio, si se trata de un matrimonio fraudulento».

El expediente matrimonial es el conjunto de formalidades, documentos y trámites que recoge y verifica la Autoridad civil competente para la válida celebración del matrimonio. Su finalidad es la de constatar la veracidad y legalidad del matrimonio como acto inscribible (arts. 58.2 LRC y 238 RRC), es decir, dejar constancia de que los contrayentes cumplen todos los presupuestos de capacidad y libertad legalmente establecidos al efecto, no existiendo ningún obstáculo que impida su celebración.

Dentro de este expediente se encuadra el trámite de la audiencia previa, reservada y por separado de ambos contrayentes. La finalidad de este trámite es que el Encargado del Registro se asegure de la inexistencia del impedimento de ligamen o de cualquier otro obstáculo legal para la celebración del matrimonio, del verdadero propósito de los contrayentes y de la existencia de un «consentimiento matrimonial» real. No se trata, por lo tanto, de que el Encargado del Registro indague sobre los motivos que conducen a los contrayentes contraer matrimonio, que pertenecen a su esfera privada e íntima, sino de constatar si concurre obstáculo legal alguno para la celebración del matrimonio y si falta un verdadero consentimiento matrimonial.

Para llegar a tal convicción el Instructor del expediente previo deberá encauzar el interrogatorio de forma que le permita obtener datos suficientes reveladores de la verdadera intención de los contrayentes. A tal efecto, deberá preguntar a los contrayentes, por ejemplo, sobre sus intenciones de vida en común, el número de hijos que desean tener, desde cuándo dura la relación o cómo piensan organizar su vida en común.

El interrogatorio debe ser lo más completo posible, si bien es conveniente que este trámite no se cumpla de manera formularia ni rutinaria. No debe llevarse a cabo un control sistemáticamente uniforme para todos los matrimonios en los que intervenga algún elemento de extranjería; antes al contrario, su intensidad, extensión y contenido deberán variar según las circunstancias concretas del caso, debiendo extremarse el celo cuando se detectan datos indiciarios que puedan indicar que se está ante un posible matrimonio de conveniencia. Un interrogatorio puramente formulario, de escasa entidad cuantitativa y cualitativa, no será suficiente para deducir la existencia de un matrimonio de conveniencia.

Esta medida preventiva procede cuando se pretende celebrar un matrimonio entre un español domiciliado en España y un extranjero domiciliado fuera de España y cuando los contrayentes deciden casarse en el extranjero con arreglo a la *lex loci celebrationis* y esta ley exige la presentación de un certificado de capacidad matrimonial. En este segundo supuesto, no podrá reconocerse como título inscribible la mera certificación expedida por la Autoridad extranjera, por lo que, prescindiendo de la posible extralimitación reglamentaria del artículo 256, número 3, del Reglamento del Registro Civil, respecto del artículo 59, apartado 2, de la Ley del Registro Civil, la aplicación de tal precepto tropieza con la excepción reconocida en el artículo 252 del propio Reglamento, que impone, para los casos en él contemplados, la previa tramitación del expediente registral, a fin de obtener certeza sobre la capacidad matrimonial del contrayente español. En definitiva, antes de la expedición del certificado de capacidad matrimonial, deberá instruirse el expediente previo conforme a las reglas generales, siendo la única especialidad de este trámite que no concluirá con la autorización o no del matrimonio, sino con la emisión y entrega (o no, si no procede) a los contrayentes de un certificado de capacidad matrimonial, que será extendido en el modelo plurilingüe aprobado por la Orden de 26 de mayo de 1988 y que tendrá una validez de 6 meses desde su fecha de emisión[81].

Como en los demás expedientes del Registro Civil, también en este trámite esencial previo a la celebración del matrimonio cabe la actuación del Ministerio Fiscal (arts. 343 y 344 RRC); en efecto, le corresponde la supervisión del expediente para defender su legalidad y, en su caso, denunciar en su dictamen cualquier impedimento u obstáculo que le conste (art. 247 RRC). La Circular 1/2002 de 19 de febrero *sobre aspectos civiles, penales y contencioso-administrativos de la intervención del Fiscal en materia de extranjería*, interesa a los Sres. Fiscales a que extremen su celo cundo existan datos objetivos que permitan sospechar que se está ante un matrimonio de conveniencia, para impedir su celebración, lo que exigirá un riguroso examen de la concurrencia de los requisitos esenciales para contraer matrimonio durante la tramitación del expediente en el Registro Civil, en particular, a través del trámite de audiencia reservada y por separado de ambos contrayentes.

No obstante, conviene advertir que, pese a su importancia, este control preventivo no permite erradicar todo matrimonio de conveniencia, y ello fundamentalmente por varias razones:

1. Sólo es necesario instruir el expediente previo cuando el matrimonio se va a celebrar en España[82], y son muchos los matrimonios de conveniencia celebrados en el extranjero sin que se haya instruido un expediente previo ante Autoridad española.

81 De acuerdo con la RDGRN (3ª) 27 de abril de 1996 «cuando…un español desea contraer matrimonio en el extranjero con arreglo a la forma establecida por la ley del lugar de celebración y esta ley exige la presentación de un certificado de capacidad matrimonial (art. 252 RRC), el expediente previo para la celebración del matrimonio ha de instruirse conforme a las reglas generales (cfr. I. 9-1-1995, norma 5ª), siendo, pues, trámite imprescindible la audiencia personal, reservada y por separado de cada contrayente, que debe efectuar el Instructor, asistido del Secretario, para cerciorarse de la inexistencia del impedimento de ligamen o de cualquier otro obstáculo legal para la celebración». Doctrina ésta reiterada en las Resoluciones de 26 (1ª) de junio de 1996, de 4 (5ª) de marzo de 1998, de14 (2ª, 5ª y 6ª) de noviembre de 2006, de 25 (1ª, 3ª y 4ª) de enero de 2008, de 23 (8ª) de abril de 2009 y de 28 (1ª) de noviembre de 2014, entre otras muchas.

82 RDGRN 15 (2ª) de septiembre de 2004.

2. El expediente matrimonial previo está concebido, fundamentalmente, como un mecanismo de control de la capacidad nupcial de los contrayentes y de su aptitud para manifestar su consentimiento.
   En efecto, no es tan sencillo controlar, a través de este expediente, la autenticidad del «consentimiento matrimonial» en sí mismo.
   En numerosas ocasiones no habrá pruebas directas de la intención de los contrayentes de celebrar un matrimonio de conveniencia.
   El Instructor debe deducir de las respuestas dadas a las preguntas formuladas en la audiencia previa si existe intención de fundar una familia o si tal propósito no existe.
   Si los contrayentes insisten en su intención de contraer matrimonio para fundar una familia y tienen la capacidad nupcial adecuada, no podrá coartarse su *ius connubii*. Ocurrirá en muchos casos que, habiendo un previo acuerdo de simulación entre los futuros y aparentes contrayentes, éstos se hayan preparado las posibles preguntas que se les realizarán en la audiencia previa, coincidiendo así en sus respuestas. Esta labor preparatoria se ve facilitada por la publicación en el BOE de las pautas a seguir en dicho trámite y por la información que al respecto aparece en Internet.
   De esta dificultad se hace eco la Memoria de la Fiscalía de Extranjería del año 2014 en su punto 12 (*Fiscales de Extranjería y Registro Civil)* en los siguientes términos: «En el marco civil, la audiencia reservada en que los futuros contrayentes deben responder a un cuestionario básico sobre datos esenciales del contrayente (fecha de la boda, lugar de nacimiento y edad) se erige en el filtro esencial aunque limitado de control de la realidad de estos matrimonios. La correcta respuesta a este cuestionario hace imposible que prosperen indicios iniciales de falsedad como la elevada diferencia de edad entre los contrayentes. Una labor complementaria fundamental son los informes policiales sobre la realidad de la convivencia o si uno de los contrayentes está en situación irregular en España o incurso en un expediente de expulsión. Resultan también relevantes las reuniones de coordinación entre Fiscalía y Policía para promover criterios coordenados de actuación».

Tal circunstancia ha motivado el levantamiento de algunas voces en contra de la práctica registral alentada por la Instrucción de 9 de enero de 1995 por entender que el control de la existencia del consentimiento se lleva a cabo a través de una actividad impropiamente realizada en el ámbito administrativo y susceptible de coartar el *ius nubendi*. En este sentido, CALVO CARAVACA Y CARRASCOSA GONZÁLEZ[83] entienden que examinar las pretensiones de los contrayentes antes

83 Ob. cit., p. 3.

de la celebración del matrimonio colisiona casi inevitablemente con la presunción general de buena fe y con el *ius connubii*. En definitiva, triste destino el de esta Instrucción, que no es la vía adecuada para atajar la celebración de matrimonios blancos. La falta de un auténtico consentimiento matrimonial sólo puede acreditarse tras la celebración del matrimonio, cuando sea posible constatar que los sujetos nunca tuvieron intención de contraer matrimonio[84].

Por su parte, OTERO GARCÍA-CASTRILLÓN, C.[85] sostienen que cuando la labor del Registrador no está destinada a la inscripción, como sucede en los casos de las solicitudes de certificados de capacidad, por mucho que el expediente para tramitarlo sea el matrimonial, puesto que no existe ningún otro instrumento específico, la responsabilidad en el mantenimiento de la veracidad de los Registros no existe y, en contra de los previsto por la Instrucción de 9 de enero de 1995, el Registrador debería limitarse a certificar la capacidad del ciudadano español para contraer matrimonio. Hay que tener capacidad para consentir, pero el consentimiento no aporta información alguna sobre la capacidad. Bajo ningún concepto el control del consentimiento puede consistir en la acreditación de su existencia, pues la buena fe, como la inocencia y el consentimiento, se presumen. El expediente matrimonial debe limitarse a determinar, apriorísticamente, la inexistencia del consentimiento, lo que plantea importantes problemas, pues se trata de acreditar la ausencia de una convicción subjetiva profunda: que existe una falta de voluntad, necesariamente subjetiva, de asumir los derechos y deberes del matrimonio; y que lo único que se pretende es la utilización instrumental de la institución.

Consciente de la dificultad de determinar, *a priori*, el carácter fraudulento del matrimonio, la Dirección General de los Registro y del Notariado pone de manifiesto, en su Resolución de 9 de octubre de 1993 que «ante la lacra de los matrimonios de conveniencia, la solución ha de encontrarse, no en el amontonamiento de pruebas y diligencias previas para cerciorarse de la verdadera voluntad de las partes, porque ello equivaldría a obstaculizar de modo intolerable un derecho fundamental de las personas, sino en medidas represivas adoptadas «*a posteriori*», como el ejercicio público de la acción de nulidad en casos extremos, y, sobre todo, en medidas indirectas dirigidas a evitar que el extranjero obtenga automáticamente los beneficios fraudulentos que acaso persiga. A estos efectos ha de recordarse que el legislador español ha dificultado recientemente la adquisición de la nacionalidad española por razón de matrimonio, en cuanto que se exige hoy una situación de convivencia real con el ciudadano español (cfr. art. 22.2 Cc y la I. 23/3/1991, epígrafe V). También

84 También plantea la posible inconstitucionalidad de la citada Instrucción por limitar el *ius connubii* ARECHEDERRA ARANZADI, L.I.: *Ius nubendi y simulación matrimonial (Comentario a la RDGRN de 30 de mayo de 1995)*, Derecho Privado y Constitución, núm. 7, sept-dic 1995, p. 308, nota 8.

85 Ob. cit., pp. 291 y 292.

en la legislación extranjera la separación de hecho respecto del cónyuge español excluye la preferencia del extranjero para la obtención o renovación del permiso de trabajo (cfr. arts. 18.3 LO 1-7-1985 y 21-c y 38-1-c del Reglamento 26-5-1986)».

b. 2. Control represivo o sancionador

Salvo lo dispuesto en el artículo 63 del Código civil en relación con el matrimonio celebrado en forma religiosa, en todos los demás supuestos en los que el matrimonio se hubiera celebrado sin que se haya tramitado el expediente previo, el Juez o Encargado del Registro Civil, con carácter previo a la inscripción de dicho matrimonio, deberá comprobar la concurrencia de todos los requisitos legalmente establecidos a efectos de su válida celebración (art. 65 C.c.).

El Encargado del Registro, antes de practicar la inscripción del matrimonio celebrado sin que se haya tramitado expediente matrimonial previo, debe llevar a cabo un control de la legalidad del «hecho» con arreglo a la ley española. Dicho control debe abarcar tanto el cumplimiento de los requisitos subjetivos como de los objetivos, es decir, debe extenderse a la capacidad matrimonial de los contrayentes, a la existencia y validez del «consentimiento matrimonial» emitido y a la forma de celebración con arreglo a la ley que resulte de aplicación a dichos extremos según las normas de conflicto, y que puede ser la española o una extranjera. Sólo de esta forma se garantiza que, tal y como se exige en virtud de los principios de *presunción de veracidad* y de *concordancia del Registro con la realidad*, sólo tengan acceso al Registro los actos que sean válidos y eficaces. Conforme al *principio de legalidad* (art. 13 LRC) y al *principio de concordancia del Registro con la realidad* o *presunción de exactitud* (art. 16 LRC), la nulidad de los matrimonios de conveniencia impide su autorización o inscripción por parte de los Encargados de los Registros Civiles.

En este sentido, dispone el artículo 256 del Reglamento del Registro Civil que, siempre y cuando el Encargado del Registro no albergue dudas acerca de la realidad y de la legalidad del matrimonio conforme a la ley española, procederá a su inscripción, sin necesidad de llevar a cabo tal control, cuando conste en alguno de los documentos siguientes:

1. Acta levantada por Encargado o Funcionario competente para autorizar el matrimonio del que se halla en peligro de muerte.
2. Certificación expedida por la Iglesia o Confesión religiosa, cuya forma de celebración esté legalmente prevista como suficiente por la ley española.
3. Certificación expedida por Autoridad o Funcionario competente del país de celebración.
4. Certificación expedida por Funcionario competente, acreditativa del matrimonio celebrado en España por dos extranjeros, cumpliendo la forma establecida por la ley personal de cualquiera de ellos.

Los documentos que se acaban de mencionar se configuran como títulos de inscripción del matrimonio que excluyen la práctica del expediente previo[86].

Como ya ha quedado expuesto al tratar sobre el control preventivo, uno de sus principales inconvenientes es que el mismo sólo se precisa cuando el matrimonio se celebra en España (o en un país extranjero cuya legislación exija la emisión, por parte de la autoridad española, de un certificado de capacidad matrimonial del contrayente español, en cuyo caso el expediente previo se tramitará según las reglas ordinarias), y son muchos los matrimonios con elemento de extranjería que, para evitar el referido control, se celebran en el extranjero. Mas no es menos cierto que este mismo control de la capacidad nupcial de los contrayentes y de la existencia del «consentimiento matrimonial» deberá llevarse a efecto por parte del Encargado del Registro Civil cuando se pretenda la inscripción de aquel matrimonio en el Registro Civil español en defecto de la correspondiente certificación extranjera en la que conste la celebración del matrimonio o cuando, aun existiendo tal certificación, el Encargado del Registro albergue dudas acerca de la realidad del hecho y de su legalidad conforme a la ley española (art. 257 RRC y RDGRN 11(11ª) de febrero de 2003).

En efecto, cualquier español puede contraer matrimonio en el extranjero con arreglo a la forma establecida por la ley del lugar de celebración (art. 49.2 C.c.), pero, aunque la forma sea válida, para poder practicar la inscripción, es necesario comprobar que han concurrido los requisitos legales de fondo exigidos para la validez del vínculo (art. 65 C.c.), comprobación que puede hacerse mediante la calificación de la certificación extranjera expedida por Autoridad o funcionario del país de celebración (art. 256.3 RRC) o, en ausencia de título documental suficiente, a través del expediente previsto en el artículo 257 del Reglamento del Registro Civil[87].

Aceptar la tesis de la eficacia plena de la prueba documental pública del matrimonio celebrado en el extranjero, por el hecho de que el correlativo documento haya sido expedido conforme a la ley del país en donde se inscribió aquél (esto es, no se trate de un documento falsificado), equivaldría a tanto como negar la posibilidad misma de que se aprecie la simulación del matrimonio, o su carácter de mera apariencia para lograr otros fines no amparados por el Ordenamiento. La mera presentación del documento "oficial" en el que conste inscrito el matrimonio no impide que las Autoridades del país receptor lleven a cabo las averiguaciones precisas para corroborar que no se trata de un matrimonio de conveniencia, cuando existan sospechas sobre su verdadero carácter. Si el conjunto de factores analizados a estos últimos efectos permite inferir, razonablemente, que el matrimonio es fraudulento, la

86 RUIZ GUTIÉRREZ, U.: *Legislación de Registro Civil en Resoluciones*, 3ª ed., Tecnos, Madrid, 1991, p. 278.

87 RDGRN (4ª) 1-3-2010.

mera apelación a la fuerza probatoria del documento público extranjero no bastará para evitar aquella declaración y sus consecuencias jurídicas[88].

Como establece la Dirección General de los Registros y del Notariado en su Resolución de 22 de noviembre de 1995[89], análogas medidas a las adoptadas en el expediente previo a la celebración del matrimonio (audiencia personal, reservada y por separado, de cada contrayente), deben adoptarse cuando se trata de inscribir en el Registro Consular o en el Central un matrimonio ya celebrado en la forma extranjera permitida por la *lex loci.*

Consiguientemente, sostiene el citado Centro Directivo en su Resolución de 30 de mayo de 1995, «si es necesario que no haya duda de la legalidad del matrimonio conforme a la ley española y si las declaraciones complementarias oportunas integran el título para practicar la inscripción del matrimonio en el Registro Civil español, la conclusión es que, del mismo modo que sucede en el expediente previo en el trámite de la audiencia, reservada y por separado, de cada contrayente (cfr. art. 246 RRC y regla 3 I. 9-1-1995), también cuando el matrimonio ya se ha celebrado según la forma local el Encargado puede y debe comprobar, por medio de aquellas declaraciones complementarias, si el matrimonio cumple todos los requisitos legales exigidos por el Código civil y, entre ellos, la existencia del real consentimiento matrimonial».

De la misma forma que en la tramitación del expediente previo, también cuando el matrimonio se ha celebrado en el extranjero y procede llevar a cabo un expediente registral para acreditar su legalidad y certeza, hay que distinguir dos supuestos:

1. Supuesto en el que uno de los cónyuges es español y el otro extranjero.
   En tal caso, por aplicación de la disposición contenida en el artículo 9.1 del Código civil, debería analizarse la validez del «consentimiento matrimonial» emitido por el contrayente español con arreglo a la ley española y la del consentimiento prestado por el contrayente extranjero con arreglo a su ley nacional al tiempo de la celebración del matrimonio.
   En cambio, se lleva a cabo una labor de *economía conflictual*, de suerte que únicamente se analizará la validez del consentimiento prestado por el contrayente español, y si éste no es válido, ya no será necesario valorar la validez del emitido por el contrayente extranjero, considerándose el matrimonio de conveniencia y, en consecuencia, debiendo denegarse su inscripción.

88 STS Sala 3ª de 27-7-2014, rec. 2995/2013 y STSJ Madrid 791/2015, de 20 de julio de 2015, rec. 1842/2014.

89 Doctrina reiterada en múltiples Resoluciones ulteriores, entre otras 2 de octubre de 1999, 29 (4ª) de diciembre de 2005, 29 (2ª y 5ª) de diciembre de 2006, 27 (1ª y 2ª) de diciembre de 2007 , 28 (2ª) de noviembre de 2008 , 25 (8ª) de febrero de 2009 y 27 (6ª) de noviembre de 2014.

Se sigue, por lo tanto, el criterio general que informa la actuaciones registrales de *economía procedimental*, en este caso en su vertiente conflictual (art. 354.2 RRC).

2. Supuesto en el que los dos cónyuges son extranjeros.
En tal hipótesis deberá analizarse el consentimiento matrimonial de cada cónyuge con arreglo a su ley nacional al tiempo de su celebración (arg. ex art. 9.1 C.c.). No obstante, si la ley que resulta de aplicación admite la validez y eficacia de los matrimonios fraudulentos, deberá aplicarse la ley española por considerarse aquélla contraria al orden público internacional español (art. 12.3 C.c.)[90].

Por lo tanto, los Encargados del Registro comprobarán la legalidad del matrimonio celebrado en el extranjero conforme a la ley española siempre que uno de los cónyuges sea español y cuando proceda por exclusión de la ley aplicable por resultar contraria al orden público internacional.

En la Consulta planteada por el Ministerio de Asuntos Exteriores y contestada por la Dirección General de los Registros y del Notariado el 21 de septiembre de 2006, este Centro Directivo declara que las obligaciones nacionales o internacionales de lucha contra los matrimonios de conveniencia afectan a todas las Autoridades administrativas, lo cual supone incluir en su ámbito de aplicación a los Cónsules españoles en el extranjero ante quienes se presenten certificaciones de matrimonio celebrados con arreglo a la *lex loci* a fin de obtener visados de reagrupación familiar. Así, por ejemplo, en la sociedad marroquí, es costumbre generalizada hacer una celebración posterior a la firma del Acta ante los Adules para dar publicidad a la unión de los contrayentes, antes de que éstos procedan a la convivencia de hecho, dando lugar así al nacimiento de una auténtica familia. En este sentido, la no celebración de esta fiesta resultará extraño en un mundo como el marroquí en que es costumbre arraigada[91]. En este sentido, el citado Centro Directivo afirma que «en la valoración de las certificaciones de matrimonios celebrados conforme a la "lex loci" a fin de obtener visados de reagrupación se podrán tomar en consideración, entre otras circunstancias, la realización o no de aquellos actos que socialmente suelen acompañar, de forma coetánea o subsiguiente en los respectivos países de origen, la celebración del matrimonio, y ello incluso en el caso de que la ausencia de tales actos carezca de relevancia jurídica por no formar parte como elemento constitutivo de la forma matrimonial regulada por la Ley extranjera con arreglo a la cual se hayan celebrado las nupcias».

---

90 RRDGRN 13 (3ª) de junio de 2005, 7 (1ª) de julio de 2005, 2 (1ª) de septiembre de 2005 y 6 (4ª) de septiembre de 2005.

91 *Vide* SSTSJ Madrid (Sala Contencioso-Administrativa, sección 3ª) 73/2013 de 25-1-2013, rec. 1296/2012 y 51468/2011 de 16-11-2012, rec. 896/2011.

El Ministerio Fiscal puede también intervenir tras la celebración del matrimonio a efectos de controlar su validez. En este sentido, cuando por cualquier medio tenga conocimiento *a posteriori* de la celebración o de la existencia de un matrimonio de conveniencia, deberá ejercitar la acción judicial de nulidad a fin de evitar que los efectos jurídicos que nuestro Ordenamiento vincula a la celebración del matrimonio, en atención al carácter fundamental que esta institución desempeña en nuestra sociedad, se apliquen igualmente a quienes no han tenido la verdadera intención de contraerlo[92].

De acuerdo con la *Memoria de Extranjería* 2014[93], el Registro Civil Central deniega más inscripciones de matrimonios celebrados en el extranjero con arreglo a la *lex loci* por un nacional de ese país y un ciudadano español de origen o nacionalizados que los que acepta, al considerar que son matrimonios simulados, con la finalidad de regularizar la situación en España del cónyuge extranjero. Los motivos son fundamentalmente los dos siguientes:

1. Al tratarse de matrimonios musulmanes en países que admiten la poligamia. Entre éstos, los matrimonios celebrados en Senegal, Gambia y Mali.
2. Informes de Consulados españoles sobre la falta de garantías de los certificados expedidos por los Registros Civiles de estos países (por ejemplo, los procedentes de Gambia, Camerún, Bolivia y República Dominicana).

c. Prueba de la simulación

La denegación de la autorización para la celebración del matrimonio o de su inscripción en el Registro Civil, si éste ya se ha celebrado, precisa una *certeza racional absoluta*, por parte del Encargado del Registro Civil, acerca de la ausencia del consentimiento matrimonial, no siendo suficientes a tales efectos las meras sospechas susceptibles de ser contradichas por indicios igualmente dignos de ser valorados.

En este sentido, el "*Manual sobre matrimonios de conveniencia*"[94] elaborado por los Servicios de la Comisión en respuesta a la petición de los Estados miembros para luchar contra la utilización abusiva del derecho a la libre circulación de los nacionales de terceros Estados y de la delincuencia organizada para facilitar la inmigración ilegal, destaca que todas las medidas adoptadas por las Autoridades nacionales para investigar presuntos casos de matrimonios de conveniencia y reunir pruebas deben

92 Circular 1/2002, de 19 de febrero, *sobre aspectos civiles, penales y contencioso-administrativos de la intervención del Fiscal en materia de extranjería.*

93 Memoria de Extranjería 2014, apartado 13. *Fiscales de Extranjería y Registro Civil.*

94 Sección 3ª. *Marco jurídico aplicable.*

respetar las garantías procesales especiales impuestas por la legislación nacional y de la Unión Europea. Las investigaciones sobre los matrimonios solo pueden darse cuando existan dudas fundadas sobre su autenticidad. No obstante, aunque tales dudas fundadas sean suficientes para incoar una investigación, una vez se ha llevado a cabo la misma y se ha llegado a la conclusión de que el matrimonio es de conveniencia, los derechos con arreglo a las normas en materia de libre circulación sólo pueden denegarse cuando las Autoridades nacionales lo demuestren debidamente, de acuerdo con la norma correspondiente en materia de pruebas (puede ocurrir que la norma aplicable en materia de pruebas varíe en función de si el abuso se comete en virtud de la legislación sobre inmigración, del Derecho Penal, del Derecho Administrativo o de la legislación sobre el Estado Civil).

No corresponde a los contrayentes demostrar la existencia de un consentimiento matrimonial válido, sino a la Autoridad pública que manifiesta la existencia de un matrimonio fraudulento[95]. Los cónyuges tienen la obligación de cooperar con las Autoridades, lo cual se les debe comunicar. En caso de que no disipen las sospechas presentando pruebas que quepa esperar razonablemente de una pareja verdadera o incluso si deciden no proporcionar prueba alguna, esto no puede constituir el único motivo o un motivo decisivo para concluir que el matrimonio es de conveniencia. No obstante, las Autoridades pueden tenerlo en cuenta, junto con las demás circunstancias pertinentes, en su evaluación de la naturaleza del vínculo matrimonial.

Normalmente no existen pruebas directas de la voluntad simulada de los contrayentes, y dado que la legislación española guarda silencio al respecto, procede acudir al sistema de presunciones judiciales, resultando aplicable el artículo 386 de la Ley de Enjuiciamiento Civil[96], de acuerdo con el cual "*a partir de un hecho admitido o probado*", se puede "*presumir la certeza*" de otro hecho, si entre el admitido o demostrado y el presunto existe un enlace preciso y directo según las reglas del criterio humano[97].

---

95 AP Pontevedra, Sección 1ª, S. 221/2013 de 8-5-2013, rec. 51/2013.

96 La aplicación de este artículo encuentra fundamento, en general, en el artículo 4 LEC, que consagra el *principio de la aplicación supletoria de la LEC en los procesos no civiles*, y en particular, en el artículo 16 RRC, que declara la aplicación supletoria a la actividad registral, en defecto de previsión específica, de las normas d la jurisdicción voluntaria, respecto de las cuales, a su vez, son supletorias las del procedimiento ordinario.

97 De acuerdo con la RDGRN 9 de octubre de 1993 «en todas las hipótesis de simulación, es muy raro que existan pruebas directas de la voluntad simulada, de modo que descubrir la verdadera voluntad encubierta de las partes es una tarea difícil en la cual juega un importante papel la prueba de la presunción judicial, para cuyo éxito "*es indispensable que entre el hecho demostrado y aquel que se trate de deducir haya un enlace preciso y directo según las reglas del criterio humano*" (art. 1253 Cc)».

En este sentido se pronuncia también la Audiencia Provincial de Almería (sección 3ª) en Sentencia 12/20014 de 21 de enero de 2004, rec. 335/2003, según la cual «esta Sala comparte los criterios

Las presunciones constituyen, a falta de pruebas directas, un mecanismo legal que permite deducir, a partir de ciertos datos o indicios (hecho base), la existencia de un hecho presunto (en el caso que nos ocupa, la existencia o no de un auténtico «consentimiento matrimonial»).

Al tratarse de procesos inductivos o inferenciales, lo determinante es el grado de corroboración o negación de la hipótesis (o de las hipótesis en competencia) con los datos disponibles, analizados desde las máximas de la experiencia, sin que el grado de corroboración exigible sea "*más allá de toda duda razonable*", estándar que rige en el proceso penal o en el derecho sancionador, pero que no es aplicable en el tipo de la decisión que analizamos, en el que rige el "*estándar prevaleciente*"[98].

Para probar la simulación, la Instrucción de la Dirección General de los Registros y del Notariado de 31 de enero de 2006 ofrece a los Encargados del Registro Civil una serie de orientaciones prácticas. Dos son, de acuerdo con la citada Instrucción, los "datos básicos" de los que cabe inferir la simulación del consentimiento matrimonial:

1. El desconocimiento, por parte de uno o de ambos cónyuges, de los datos personales y/o familiares del otro.
2. La inexistencia de relaciones previas entre los contrayentes.

Estos datos vendrían a ser los "*hechos base*" (datos de hecho objetivos) que deben utilizarse para acreditar el hecho presunto (simulación del consentimiento), y pueden desprenderse de las declaraciones de los contrayentes y/o de terceras personas,

doctrinales interpretativos del art. 73.1 del C. Civil que se contienen en la resolución recurrida en concreto en el fundamento primero, conforme a cuyo precepto será nulo el matrimonio contraído sin consentimiento, supuesto que realmente genera la inexistencia del matrimonio y al que es equiparable el celebrado concurriendo una simulación en el acto o negocio matrimonial impugnado; habiendo de acudirse para constatar aquella ausencia de consentimiento, dado que en las hipótesis de simulación es muy raro que existan pruebas directas de la voluntad simulada, a la prueba de presunciones para cuyo éxito es indispensable que entre el hecho demostrado y aquel que se trate de deducir haya un enlace preciso y directo según las reglas del criterio humano, artículo 1253 del Código Civil, tal como tiene declarado la Resolución de la Dirección General de los Registros y del Notariado matrimonios de complacencia, en los que no se busca en realidad contraer matrimonio entre un nacional y un extranjero, sino que se pretende, bajo el ropaje de esta institución y generalmente previo precio, que un extranjero se aproveche de las ventajas de la apariencia matrimonial; siendo aquel criterio en orden a la demostración de la simulación coincidente con el sostenido con reiteración por la jurisprudencia a propósito de la simulación contractual, que habrá de ser constatada de ordinario, de no mediar otras pruebas, acudiendo a indicios o presunciones para alcanzar la certeza moral de la inexistencia del contrato impugnado, siempre que tales indicios y presunciones resulten de toda evidencia y estén en desacuerdo con las pautas de un prudente criterio, ya que en otro caso debe prevalecer la voluntad declarada». *Vide* también SAP Ourense (sección 1ª) 126/2011, de 8-4-2011, rec. 715/2010, SAP Álava (sección 1ª) 13/2005 de 25-1-20015, rec. 350/2004 y SAP León (sección 3ª) 220/2002 de 19-6-2002, rec. 29/2002.

98 STSJ Madrid 278/2011 de 25 de marzo de 2011, rec. 295/2010.

de cualquier información procedente de documentos escritos, y de cualquier otro dato obtenido de una investigación[99].

Para valorar dichos "datos básicos" la Instrucción ofrece los siguientes criterios:

1. Cuando un contrayente conoce los *datos personales y familiares básicos* del otro debe presumirse, de conformidad con el *principio general de presunción de buena fe*, que hay un auténtico consentimiento matrimonial.
   Para determinar tal conocimiento, el Encargado del Registro deberá tomar en consideración las circunstancias de cada caso en concreto para ajustar a ellas las normas jurídicas, en cuya aplicación deberá ponderar necesariamente la equidad (art. 3.2 C.c.).
   Los datos personales y familiares a conocer por cada contrayente no pueden responder a una lista tasada y cerrada, sino que dependerán del caso en concreto. Lo que sí puede hacerse es proporcionarse una lista de aproximación con los datos que cada uno de ellos debería conocer del otro, utilizando, entre otros, los factores o elementos que proporciona la Resolución del Consejo de 4 de diciembre de 1997, es decir, fecha y lugar de nacimiento, domicilio, profesión, aficiones relevantes, hábitos notorios, nacionalidad, anteriores matrimonios, número y datos básicos de identidad de los familiares más próximos (hijos no comunes, padres y hermanos), así como las circunstancias de hecho en que se conocieron.
   No se exige un conocimiento exhaustivo de dichos datos, es decir, no es preciso descender a los detalles más concretos; basta con un conocimiento del núcleo conceptual de los mismos.
   Los *datos accesorios o secundarios* (por ejemplo, conocimiento personal de los familiares del otro contrayente) no son relevantes para determinar, por sí solos, la inexistencia del consentimiento matrimonial, si bien pueden ayudar al Encargado del Registro a formarse una certeza moral sobre la existencia o no de un auténtico «consentimiento matrimonial».
   Para que motive la denegación de la autorización del matrimonio o de su inscripción en el Registro, el desconocimiento de los datos personales y/o familiares básicos del otro contrayente debe ser claro, evidente y flagrante.
   Debe llevarse a cabo una valoración de conjunto de tal desconocimiento, sin que sea suficiente el desconocimiento de un solo, singular y aislado dato personal y/o familiar[100].

---

99 No se aclara si la investigación debe ser oficial, es decir, llevada a cabo por Autoridad competente para ello, o puede ser también privada.

100 En este sentido, la STSJ Madrid (sala 1ª Contencioso-Administrativa) 1029/2012 de 14-9-2012, rec. 1275/2011, entiende que el único indicio que razona la resolución recurrida para denegar el

Para determinar el reiterado desconocimiento, es esencial la celebración de una entrevista con un contenido cualitativo y cuantitativo suficiente, para poder realizar una evaluación adecuada, ya que como se ha puesto de relieve el desconocimiento de algún dato personal aislado no puede considerarse suficiente para inferir automáticamente la existencia de un matrimonio de conveniencia, siendo lo procedente llevar a cabo una valoración de conjunto del conocimiento o desconocimiento de un contrayente respecto del otro[101], sin que quepa elevar a elemento decisivo la existencia de pequeñas contradicciones en las contestaciones efectuadas con ocasión de dicha entrevista[102]. Fiel a este criterio, la Dirección General de los Registros y del Notariado[103] deniega la inscripción de un matrimonio islámico celebrado en España en el año 2010 entre una ciudadana marroquí y un ciudadano español (de origen marroquí) sin haberse acreditado previamente la capacidad matrimonial del contrayente español (tal y como exige la legislación marroquí), lo cual motivó que el Encargado del Registro Civil realizara *a posteriori* los trámites tendentes a comprobar la concurrencia de los requisitos exigidos por el Código civil, porque el cónyuge Sr. H. declaró que ignoraba la fecha de nacimiento de su pareja al igual que ella y que se conocían muy poco, que él no había ido a la tierra de su mujer ni ella a la suya, que conocía sólo a los parientes varones y no a las mujeres, que se conocieron el dos de diciembre mientras que ella dijo en julio de 2010 y que decidieron casarse en septiembre de 2010, y según el interesado se casaron dos meses después de conocerse. Según el interesado la Sra. D. estuvo casada y se divorció porque su marido quería que pusiere unos terrenos de ella a su nombre y la familia no quiso, mientras que ella dijo que fue porque la maltrataba, el interesado declaró que vivía ahora del subsidio de mujeres de 55 años y en la audiencia reservada manifestó que era albañil y que en ese momento trabajaba vigilando la playa, mientras que ella declaró que su marido trabajaba en la obra y ahora era vigilante de guardería y que tenía unos ingresos de 900 euros, manifestó la interesada que no le hacía regalos

visado de reagrupación familiar es que la solicitante dio, en la entrevista, una fecha de celebración del matrimonio que no se correspondía con las fechas que constaban en el pasaporte del actor referentes a sus entradas y salidas del territorio marroquí. La Sala considera que esta mera contradicción no es suficiente por sí misma para inferir la existencia de un matrimonio de conveniencia, debiendo tenerse en cuenta todos los demás datos expuestos y debidamente acreditados que revelan, dado que se refieren a aspectos esenciales de la vida del esposo en España, todo lo contrario.

101 STSJ Madrid 978/2010 de 5 de noviembre de 2010, rec. 1314/2009.

102 STSJ Madrid 813/2015 de 24 de julio de 2015, rec. 1876/2014.

103 RDGRN (20ª) 22-1-2014.

porque no estaba trabajando cuando en la misma audiencia manifestó lo contrario. Se entiende que el matrimonio es nulo por simulación.

En este mismo sentido, la Audiencia Provincial de Sevilla, sección 8ª, en su sentencia 214/2014 de 17 de julio de 2014 (rec. 5510/2014), desestimó el recurso interpuesto contra la Sentencia del Juzgado de Primera Instancia número 1 de Sevilla de 12 de mayo de 2014, que denegaba la inscripción en nuestro Registro Civil de un matrimonio celebrado en Bolivia por considerar que «el expediente tramitado al efecto, que no se impugna, da fe de la existencia de errores sobre la identidad de los contrayentes, sobre fechas, sobre datos familiares inasumibles...No entendemos qué otras circunstancias pueden ser más importantes a la hora de poder valorar si ha existido verdadero consentimiento matrimonial. No lo es que el recurrente envíe dinero a su mujer...»

2. Si se prueba la existencia de relaciones entre los contrayentes, previas o posteriores a la celebración del matrimonio, ya sea de forma personal o de otro tipo (por carta, teléfono o internet), el desconocimiento de algún o de algunos de aquellos datos personales y/o familiares básicos no será bastante para inferir de ello la inexistencia de auténtico «consentimiento matrimonial».

   La existencia de tales relaciones quedará acreditada por el hecho de que los cónyuges vivan juntos o tengan un hijo en común.

   Respecto de la convivencia, no obstante, debe advertirse que la existencia del matrimonio no queda desvirtuada por el mero argumento de que los esposos no hayan convivido nunca. Obviamente, si ambos viven en países distintos, su relación no puede ser igual que la de los matrimonios que habitan en el mismo domicilio, pero eso no impide que tengan una relación, si bien debilitada por la citada separación.

   En este sentido se manifiesta el Tribunal Superior de Justicia de Madrid (Sala Contencioso-Administrativa, sección 1ª) en Sentencia 403/2015 de 11 de mayo de 2015 (rec. 1153/2014), que resuelve el recurso contencioso-administrativo 1153/2014 contra la Resolución de 26 de mayo de 2014 dictada por el Consulado General de España en Nador (Marruecos), que a su vez desestima el recurso de reposición interpuesto contra la Resolución de ese mismo Órgano de 3 de marzo de 2014, que deniega el visado de reagrupación familiar solicitado por entender que el matrimonio en el que se basaba era fraudulento. Establece que «con la documentación consistente en el pasaporte del esposo se prueba la veracidad de las visitas que el mismo ha realizado a su mujer antes y después del matrimonio, no debiéndose olvidar que el hecho, por un lado, de que ambos cónyuges viven en países distintos y alejados, con el gasto que suponen los desplazamientos, y, por otro, de que el esposo trabaja por cuenta ajena con régimen de vacaciones, constituyen una limitación a las visitas por parte de aquél, pero sin embargo éstas se han producido todos los años.

Todo lo cual corrobora que la relación entre los cónyuges y el deber de ayuda mutua, como lo prueba que el esposo envía dinero a la esposa (dato que ésta afirma en la entrevista y no lo desmiente el Consulado) se ha mantenido en el tiempo a pesar, se reitera, de esa separación forzosa, confirmando aún más la realidad de ese matrimonio».

En este mismo sentido afirma el citado Tribunal en Sentencia 849/2014 de 15 de diciembre de 2014 (rec. 230/2014) que el hecho de que los cónyuges lleven casados un largo tiempo (en el caso concreto 5 años) es un dato que confirma la existencia de una relación marital sólida, no obstante deban vivir separados porque sus domicilios estén en países diferentes[104].

La existencia de hijos comunes también se considera como un indicio de la existencia de un matrimonio válido105, al que se asimila el estado de gestación de la esposa[106].

En cambio, no puede resultar determinante a tales efectos el hecho de que los cónyuges no hablen un idioma común; tal circunstancia podrá servir al Encargado del Registro para formarse una idea acerca de la existencia o no de auténtico «consentimiento matrimonial», pero no es bastante, por sí sola, debiendo concurrir con otros indicios[107].

Sí son poderosos indicios de la voluntad fraudulenta de los cónyuges el hecho de que uno de ellos tenga un historial que revele previos matrimonios simulados, y que se haya entregado una cantidad de dinero para la celebración del matrimonio[108].

Para determinar la existencia de relaciones personales entre los contrayentes la entrevista es secundaria. Lo que debe comprobarse, en palabras de la Sentencia del Tribunal de Justicia de Madrid de 5 de noviembre de 2010[109], «es que las relaciones, que pueden ser tanto anteriores como posteriores, al matrimonio presenten un tracto reconocible e ininterrumpido durante cierto lapso de tiempo, pudiendo tratarse de visitas, llamadas telefónicas, comunicaciones por carta o Internet. Para probar las relaciones también tiene interés comprobar si se han producido envíos de remesas u otras ayudas económicas,

---

104 Ver también Sentencia 660/2014 de 10-10-2014, rec. 200/2014.

105 TSJ Madrid (Sala Contencioso-Administrativa, sección 1ª), Sentencia 656/2014 de 8-10-2014, rec. 106/2014 y Sentencia 509/2014 de 22-7-2014, rec. 2075/2013.

106 SSTSJ Madrid (Sala Contencioso-Administrativa, sección 1ª) 409/2014 de 16-6-2014, rec. 1665/2013 y 130/2014 de 21-2-2014, rec. 557/2013.

107 RDGRN (3ª) 3-1-2014 y SAP La Rioja 67/2011 de 7-3-2011, rec. 461/2010.

108 Quedan excluidas las cantidades que se entreguen en concepto de dote en el caso de nacionales de países en los que ello sea una práctica normal.

109 Sentencia 978/2010, rec. 1314/2009.

pero éstas por sí solas, sin la prueba añadida de relaciones personales (siquiera telefónicas) y sin presentar un tracto ininterrumpido y secuencial reconocible, son insuficientes para avalar la verosimilitud del matrimonio, máxime cuanto, en estos supuestos, es frecuente el riesgo de preconstitución de prueba».

3. Todos los demás datos, que no se refieran al conocimiento de los datos básicos personales y/o familiares del otro contrayente ni a la existencia de relaciones entre ambos, no serán suficientes, por sí solos, para inferir de ellos, aisladamente, la existencia de un matrimonio simulado. Entre tales datos la Instrucción señala, *ad exemplum* (no es una lista cerrada), lo siguientes:

   a. El hecho de que el contrayente extranjero resida en España sin la documentación exigida al efecto por la legislación de extranjería[110].
   La situación administrativa del extranjero en España, aunque sea irregular, no puede impedir, aisladamente considerada, la celebración del enlace[111].
   b. El hecho de que los contrayentes no convivan o nunca hayan convivido juntos, cuando existan razones que lo justifiquen, como por ejemplo la imposibilidad de viajar por razones legales o económicas[112].
   c. El hecho de que uno de los contrayentes no aporte bienes o recursos económicos al matrimonio, siempre que el otro aporte el 100% de los mismos[113].
   d. El hecho de que los contrayentes se hayan conocido pocos meses o semanas antes. Distinto es el caso en el que se conocen el mismo día o pocos días antes de la celebración del matrimonio[114].
   e. El hecho de que exista una diferencia de edad significativa[115].

4. Tales datos no pueden servir por sí solos para que el Encargado del Registro se forme una convicción absoluta del carácter fraudulento del matrimonio. No obstante, pueden coadyuvar a tal efecto.

---

110 Entre otras, RRDGRN 19 (3ª) de octubre de 2004 y 27 (3ª) de octubre de 2004.

111 RRDGRN 3 de diciembre de 1993 y 25 de septiembre de 1995.

112 TSJ Madrid (Sala Contencioso-Administrativa, sección 1ª), Sentencia 493/2015 de 11-5-2015, rec. 1153/2014 y Sentencia 849/2014 de 15-12-2014, rec. 230/2014.

113 TSJ Madrid (Sala Contencioso-Administrativa, sección 1ª), Sentencia 42/2013 de 18-1-2013, rec. 1295/2012.

114 El TSJ Madrid (Sala Contencioso-Administrativa, sección 1ª) en su Sentencia 1198/2012 de 5-10-2012, rec. 247/2012, deniega un visado por entender que no existieron relaciones previas entre los cónyuges, al haber quedado acreditado que no se habían conocido antes del matrimonio y que decidieron casarse tras una llamada por teléfono móvil. Tras la boda tampoco hubo relaciones que pudieran corregir esa ausencia de relaciones anteriores.

115 SAN (Sala Contencioso-Administrativa, sección 3ª) de 26-5-2011, rec. 687/2009 y STSJ Madrid (Sala Contencioso-Administrativa, sección 1ª) 399/2005 de 13-4-2005, rec. 3901/2001.

Para que el Encargado del Registro deniegue la autorización del matrimonio o su inscripción, debe alcanzar una certeza moral plena de hallarse en presencia de un matrimonio de conveniencia. No puede exigirse que adquiera una conciencia de verdad material absoluta, imposible en el ámbito de las presunciones.

En los supuestos de matrimonios de conveniencia, como indica la Sentencia del Tribunal Superior de Justicia de Madrid de 24 de julio de 2015[116], «la inexistencia de prueba directa de la simulación y de la verdadera voluntad encubierta de las partes, obliga a que la prueba de presunciones conduzca a un alto grado de convicción racional pues, dada la presunción general de buena fe el carácter fundamental del ius nubendi, la existencia de fraude de ley solo podrá apreciarse cuando éste conste de manera inequívoca por existir entre los hechos-base demostrados y aquel que se trata de deducir un enlace preciso, directo y unívoco según las reglas del criterio humano, que excluya cualquier duda razonable»[117].

Si la convicción de la simulación no es plena, el matrimonio deberá autorizarse o, en su caso, inscribirse. En tales supuestos siempre queda abierta la posibilidad de que el Ministerio Fiscal, el cónyuge o cualquier persona con interés directo y legítimo inste, con posterioridad, la nulidad del matrimonio si surgen datos que hagan dudar de la existencia de un auténtico consentimiento matrimonial[118].

La resolución de denegación debe estar expresamente motivada (art. 58 LRC) en relación con las circunstancias de cada caso concreto, debiendo evitar modelos formularios generales.

Presumiéndose en principio los matrimonios válidos y desplegando todos sus efectos, corresponde a la Administración la demostración de la existencia del fraude de ley en cada caso.

En efecto, de acuerdo con el artículo 20.2 de la Ley Orgánica reguladora de los Derechos y Libertades de los Extranjeros en España y su Integración Social, los procedimientos que se establezcan en materia de extranjería respetarán en todo caso las garantías previstas en la legislación general sobre procedimiento administrativo, especialmente en lo relativo a publicidad de las normas, contradicción, audiencia del interesado y motivación de las resoluciones.

---

116 Sentencia 816/2015, rec. 1901/2014.

117 En los mismos términos STS de 18 de julio de 2012 (rec. 6444/2011) y STSJ Madrid 1262/2008 de 17 de julio de 2008, rec. 409/2007.

118 RDGRN 6 (2ª y 4ª) de julio de 1998 y Consultas a la DGRN de 1 de junio de 2004 y de 28 de octubre de 2004. También SAP Santa Cruz de Tenerife (sección 4ª) 347/2010 de 15-11-2010, rec. 456/2010.

Esta exigencia de motivación impone al órgano administrativo competente el deber de manifestar las razones que sirven de fundamento a su decisión, es decir, el Encargado del Registro Civil debe expresar suficientemente el proceso lógico y jurídico que le ha llevado a aquélla, con el fin de que el interesado destinatario pueda conocer las razones que le han servido de fundamento, para, en su caso, poder defender posteriormente su derecho frente al criterio administrativo. En síntesis, la motivación permitirá al perjudicado conocer si la actuación administrativa merece o no calificarse de objetiva y ajustada a derecho y constituye una garantía inherente al derecho de defensa del interesado, tanto en la vía administrativa como en la jurisdiccional, ya que en la eventual impugnación del acto, si éste está motivado, habrá posibilidad de criticar las bases en que se ha fundado. Por lo tanto, no es posible que el Encargado del Registro se limite a expresar la decisión de denegación, sino que debe exponer, en cada caso particular, las circunstancias concretas que, a su juicio, motivan su decisión denegatoria.

Una resolución no motivada sería contraria a las más elementales reglas de la racionalidad y del buen sentido, carente de toda justificación y de una extrema arbitrariedad. Debe recordarse que un Estado de Derecho, entre otras consideraciones, significa la exclusión de la arbitrariedad en todo tipo de relaciones jurídicas, tanto públicas como privadas (art. 9.3 CE).

Como ha declarado el Tribunal Constitucional en Sentencia 169/1986 de 22 de diciembre, que aunque referida a la prueba de presunciones en lo judicial también es de aplicación en el ámbito administrativo, si se cumplen los requisitos, no hay obstáculo, pese a sus inconvenientes para considerar la presunción judicial como una prueba de cargo suficiente para desvirtuar, en principio, la presunción constitucional de inocencia reconocida en el artículo de la Constitución; hay sin embargo una prueba de presunciones, llamada impropiamente indiciaria, un elemento o dato objetivo, que es el constituido por el hecho base (propiamente el indicio) en cuanto que éste debe estar suficientemente acreditado. De él parte la operación que lleva al hecho consecuencia, a la presunción rectamente entendida, que será tanto más correcta cuanto más llano y coherente sea el camino del hecho base a la conclusión. Se habla en este sentido, negativamente, del rechazo de la incoherencia, de la irrazonabilidad y la arbitrariedad y del capricho lógico, personal y subjetivo como límite y tope de la admisibilidad de la presunción como prueba. Se considera que no existe tal prueba si no se exterioriza, razonándolo, el nexo causal, es decir, si aparece sólo como una apreciación en conciencia pero inmotivada o, mejor dicho, no explicada o no explicitada por el Juzgador[119].

En este sentido señala el Tribunal Superior de Justicia de Madrid (Sala Contencioso-Administrativa, sección 1ª) en su Sentencia 375/2013 de 15 de marzo de 2013 (rec. 1687/2012), que «resulta insatisfactorio, en los casos en que se opera con indicios, expresar únicamente la conclusión alcanzada o el juicio valorativo sintético, sin exponer cuál ha sido el camino seguido (el iter discursivo) y las concretas circunstancias de hecho o elementos objetivos que determinan la apreciación de un matrimonio simulado. Y es que, para comprobar la razonabilidad de la inferencia, es preciso que se exterioricen los hechos que están acreditados y –además– que se explique el razonamiento o engarce lógico entre los hechos probados y los hechos consecuencia inferidos. Con todo, en algunos casos, existen un grupo de elementos objetivos que permiten reconstruir la hipótesis alcanzada sin mayor dificultad (como una suerte de razonamiento implícito). Pero cuando ello no es tan claro y al aplicarse una presunción, debe incluirse en la resolución, de modo expreso, el razonamiento en virtud del cual el Consulado ha establecido la presunción, evitando la utilización de modelos formularios que, por su generalidad y falta de referencia a las concretas circunstancias particulares del caso concreto, no alcanzar a llenar el requisito imprescindible de la motivación».

Cualquiera de los contrayentes y otra persona legitimada podrá, en cualquier caso, practicar prueba en contrario. Por lo tanto, ante la denegación de la autorización para contraer matrimonio, el interesado podrá acudir a la vía judicial ordinaria en defensa de la tutela judicial de su ius connubii; si lo que se deniega es su inscripción, también podrá acudir a la vía judicial ordinaria, pero en este caso para que se declare la validez del matrimonio ya celebrado y se proceda a su inscripción en el Registro Civil.

Si la Administración no concreta las razones por las que considera que existen motivos para dudar de la autenticidad del consentimiento matrimonial, esta carencia bastaría por sí misma para anular el acto administrativo por falta de motivación, pues esa omisión impediría conocer a los interesados las razones fácticas y jurídicas que han llevado a la Administración a tal conclusión, lo que a su vez les impediría defenderse[120].

---

119 *Vide* STSJ Madrid (Sala Contencioso-Administrativa, sección 2ª) 318/2005 de 1-3-2005, rec. 1372/2002.

120 STSJ Madrid (Sala Contencioso-Administrativa, sección 1º) 426/2012 de 11-5-2012, rec. 540/2011.

De lo expuesto resulta que la tendencia, en nuestro sistema, es favorable a la validez del «consentimiento matrimonial» y contrario a la apreciación de la simulación[121]. Esta interpretación restrictiva de los matrimonios de conveniencia se apoya en los siguientes argumentos[122]:

1. Se parte de la consideración del *ius nubendi* como un derecho fundamental de la persona consagrado internacional y constitucionalmente, que no puede ser coartado con impedimentos u obstáculos que no tengan una estricta base legal, de suerte que cualquier limitación, postergación o denegación de este derecho debe fundarse en una certeza moral absoluta del obstáculo o impedimento legal.
2. Para que el matrimonio pueda considerarse como de conveniencia, se exige que los hechos base de los que se extrae tal convicción sean suficientemente clarificadores al efecto, sin que dejen margen de duda alguna.
3. Se considera que los datos no referidos estrictamente a los datos personales y/o familiares básicos del otro contrayente ni a la existencia de relaciones entre los contrayentes, no son suficientes, aisladamente considerados, para que el Encargado del Registro Civil se forme una convicción moral absoluta de la inexistencia del consentimiento matrimonial.
4. Se entiende que ciertos elementos objetivos (por ejemplo, la existencia de un idioma común, el hecho de que tengan edades similares, la identidad cultural...) constituyen un indicio favorable al «consentimiento matrimonial».
5. Las apreciaciones subjetivas no son bastantes para deducir la existencia de un matrimonio contraído en fraude de ley.

   En la Sentencia del Tribunal Superior de Justicia de Madrid (Sala Contencioso-Administrativa, sección 1ª) 480/2014 de 11 de julio de 2014 (rec. 1873/2013) se enjuició un supuesto en el que la Delegación Diplomática no había realizado una entrevista personal al solicitante del visado, a fin de determinar el conocimiento personal que tiene de su cónyuge, si mantiene con él una relación fluida en los términos exigidos en unas circunstancias de separación forzada (comunicación epistolar, telefónica, electrónica...), si se auxilian mutuamente, etc., señalando como causas de la denegación: «Por ser un presunto matrimonio de conveniencia. El reagrupante estuvo en China solamente para el matrimonio y el solicitante se divorció de su esposa un mes antes de dicho matrimonio, por lo que hay fundadas sospechas de que el objetivo del solicitante es reagrupar a su primera esposa más tarde». Como dice la citada Sentencia, el acto administrativo recurrido sólo razóna la existencia de un

121 SAP Málaga (sección 4ª) 410/2014 de 23-9-2014, rec. 364/2012.

122 AGUILAR BENÍTEZ DE LUGO, M. y GRIEDER MACHADO, H.: *El matrimonio de conveniencia*, Boletín del Ministerio de Justicia, Estudios, 2000, ISSN 0211-4267, nº 1879, pp. 3233-3234.

matrimonio de conveniencia en una posible conducta futura del solicitante que, al parecer, se había divorciado de su anterior mujer recientemente. Pero esta mera apreciación subjetiva, por sí misma, no basta para deducir la existencia de un matrimonio contraído en fraude de ley, teniendo en cuenta lo expuesto de la ausencia de la citada entrevista, que hubiera sido determinante para poder saber si efectivamente el matrimonio no es real. Frente a ello, existe una certificación de matrimonio, que legalmente hace presumir que éste existe, de la que no se duda sobre su autenticidad en ningún sentido, ni tampoco sobre su veracidad.

En este mismo sentido se pronuncia el citado Tribunal en Sentencia 469/2014 de 7 de julio de 2014 (rec. 1621/2013) al decir que «el Consulado se ha limitado a elevar a la categoría de dato concluyente el hecho de que el reagrupante estuvo casado con otra persona en primeras nupcias y reagrupó a su primera esposa, así como que el reagrupante es quince años mayor que la esposa, lo que a la Administración hace dudar de la documentación presentada incluida el acta de matrimonio lo que le lleva a la conclusión que las alegaciones son inexactas y relazadas de mala fe, conclusión a la que llega la Administración totalmente ilógica y carente de fundamento que induzca a pensar en la inexistencia de ese consentimiento real puesto que no llegó a celebrar entrevista de la que pueda deducirse indiciariamente tal circunstancia».

En este orden de cosas, en relación con la investigación y detección de matrimonios de conveniencia entre nacionales de un Estado miembro y nacionales de terceros Estados, el "*Manual sobre matrimonios de conveniencia*" se refiere, en su sección 4ª *Medidas operativas que son competencia nacional*, a los **indicios de posibles abusos que pueden activar una investigación**.

En cuanto a los posibles desencadenantes de la investigación, se abunda en las directrices de la Comisión de 2009, así como en la Resolución del Consejo *sobre las medidas que deberán adoptarse en materia de lucha contra los matrimonios fraudulentos* de 4 de diciembre de 1997, en lo relativo al empleo de criterios orientativos, «**indicios de abuso**», en relación con conductas razonablemente más previsibles en parejas fraudulentas que en parejas auténticas.

El concepto de «indicios de abuso» debe entenderse en el sentido de que esos indicios observados por las Autoridades Nacionales nunca confirman, automática e inevitablemente, el carácter abusivo del matrimonio en cuestión. Siempre debe existir una apreciación más amplia y neutra de todos los elementos, tanto a favor como en contra de la sospecha inicial de abuso.

El "*Manual*" describe un *mecanismo de doble llave* que debe aplicarse para minimizar el riesgo de falsas identificaciones positivas (cuando, por ejemplo, los cónyuges no tienen un hogar común o uno de ellos tiene un historial de inmigración negativo). Este *mecanismo de doble llave* implica, en primer lugar, una aplicación rigurosa del principio de que la libre circulación es la norma principal que sólo podrá restringirse en casos individuales donde esté justificado por motivos de abuso; y en segundo lugar, que las Autoridades Nacionales que investigan los abusos no deben, en principio, centrarse principalmente en indicios de abuso para apoyar sus sospechas iniciales sobre el matrimonio en cuestión. Por el contrario, deben considerar, en primer lugar, *indicios de que no existe abuso* (tales como que se trata de una relación duradera o que exista un compromiso serio de carácter jurídico o financiero a largo plazo o que se comparta la responsabilidad parental), que pudieran apoyar la conclusión de que el matrimonio es auténtico. Sólo si el examen de *los indicios de que no existe abuso* no confirma el carácter auténtico del matrimonio, deben las autoridades proceder a verificar la existencia de los *indicios de abuso.*

Los indicios de posibles abusos, referidos a determinados rasgos de comportamiento que las parejas fraudulentas pueden presentar con más facilidad que las parejas auténticas, se dividen en varios grupos, correspondientes a las fases inherentes al *ciclo de vida* de los matrimonios de conveniencia. A modo de ilustración, algunos ejemplos de estos indicios son:

1. **Antes de que los futuros cónyuges se conozcan:** En comparación con las parejas auténticas, los posibles defraudadores tienen más posibilidades de:
   a. Haber emigrado previamente de manera irregular o residido irregularmente en un país de la Unión Europea.
   b. Tener un historial de matrimonios de conveniencia anteriores o de otras formas de abuso o fraude.
   c. Estar en una mala situación financiera (por ejemplo, muy endeudados).

2. **Durante la fase previa al matrimonio:** En comparación con las parejas auténticas, los defraudadores tienen más posibilidades de:
   a. No haberse conocido personalmente antes del matrimonio.
   b. No hablar una lengua común que ambos comprendan (y no se aprecian signos de que estén haciendo esfuerzos para establecer una base común para la comunicación).

3. **Cuando los futuros cónyuges están preparándose para la ceremonia del matrimonio:** En comparación con las parejas auténticas, los defraudadores tienen más posibilidades de:
   a. Utilizar un lugar conocido por ser propicio al abuso o con posibles conexiones con la delincuencia organizada.

b. Entregar una cantidad de dinero o regalos para que el matrimonio se celebre (salvo si se presentan en forma de dote en las culturas donde esto es práctica común).
c. Presentar discrepancias en la documentación entregada, que suscitan sospechas de falsificación, o aportar una falsa dirección.

4. **Cuando, tras el matrimonio, el cónyuge de un tercer país solicita un visado de entrada o un permiso de residencia:** En comparación con las parejas auténticas, los defraudadores tienen más posibilidades de:
   a. Aportar información contradictoria o falsa sobre el otro cónyuge en aspectos personales fundamentales (nombre y apellidos, fecha de nacimiento y edad, nacionalidad, familiares cercanos, posibles matrimonios anteriores, educación o profesión).
   b. Indicar un domicilio falso.
   c. Estar en una situación en la que el cónyuge de un tercer país convive con otra persona.

5. **Cuando la pareja ha obtenido documentos de entrada o residencia y reside en el Estado de acogida:** En comparación con las parejas auténticas, los defraudadores tienen más posibilidades de:
   a. No mantener la convivencia matrimonial o seguir viviendo separados tras el matrimonio sin una razón plausible (por ejemplo, trabajo, hijos de relaciones anteriores o residir en el extranjero).
   b. Estar en una situación en que uno de los cónyuges conviva con otra persona.

6. **Cuando los cónyuges inician un procedimiento para disolver oficialmente el matrimonio:** En comparación con las parejas auténticas, los defraudadores tienen más posibilidades de:
   a. Divorciarse más rápidamente una vez el cónyuge de un tercer país haya adquirido el derecho independiente de residencia o la nacionalidad del país de acogida.

CAPÍTULO V. VÍAS DE ESCAPE AL CONTROL ADMINISTRATIVO

I. NOTA INTRODUCTORIA

El Informe sobre *Usos indebidos del Derecho de reagrupación familiar: matrimonios de conveniencia y falsos reconocimientos de paternidad*, elaborado por el Punto de Contacto Nacional de España de la Red Europea de Migraciones (EMN) en mayo de 2012[123], tras indicar que el tratamiento jurídico de los matrimonios de conveniencia en España ha ido ganando importancia, incrementándose el número de preguntas y de solicitudes de informes al respecto a la Dirección General de los Registros y del Notariado, pone de manifiesto que el Ministerio Fiscal, que recaba información de las autoridades policiales con competencia en la investigación de las redes de inmigración ilegal, constata que el número de solicitudes de reagrupación familiar o de permisos de residencia como familiar de ciudadano comunitario por parte de ciudadanos extranjeros, que presentan certificados de Registro de estar unidos como pareja de hecho con extranjeros residentes legales, ciudadanos españoles o de la Unión, se ha visto incrementado. Así mismo, se constata el incremento en la celebración de matrimonios canónicos entre ciudadanos extranjeros en situación irregular y nacionales españoles, matrimonios a los cuales nuestra legislación otorga efectos civiles con su inscripción registral, sucediendo que en algunos casos estas uniones canónicas encierran verdaderos matrimonios fraudulentos.

123 Págs. 13 y 14 de dicho Informe.

De manera que, como ya se advirtió al tratar sobre la dimensión nacional e internacional de este fenómeno de los matrimonios de conveniencia, nos encontramos con que a partir de los años 90, paralelamente al progresivo incremento del control estatal, ha aumentado el número de matrimonios canónicos y de parejas de hecho con elemento extranjero, precisamente con el claro propósito de eludir dicho control. Se evita, en ambos casos, el duro trámite de la audiencia previa y por separado de los contrayentes, trámite éste que, debidamente encauzado, puede resultar decisivo en la determinación de un matrimonio como de conveniencia. En efecto, el matrimonio canónico es una vía de acceso al Registro muy sencilla, simplemente mediante la presentación del certificado del matrimonio expedido por la Iglesia; por su parte, el uso de la institución de las parejas de hecho se justifica por las facilidades que ofrece en cuanto a su asimilación al matrimonio en orden a la obtención de las ventajas en materia de nacionalidad y extranjería, que precisa únicamente la prueba de la estabilidad de la pareja, lo que puede llevarse a efecto mediante la simple presentación, por ejemplo, de un certificado de estar la pareja inscrita en un Registro Público, o de una simple escritura pública de formalización de la misma.

2. EL MATRIMONIO CELEBRADO EN FORMA RELIGIOSA

El endurecimiento de los controles para evitar la celebración o inscripción de matrimonios de conveniencia coincide, casualmente, con un incremento de los matrimonios canónicos en los que interviene algún elemento de extranjería, en muchos casos, en situación irregular.

El matrimonio canónico es un modo sencillo y rápido de obviar dichos controles, por la forma en que se lleva a cabo la tramitación del expediente matrimonial y por su automática inscripción en el Registro Civil.

En Derecho español, se establece un sistema de matrimonio civil único, aunque se admite la forma de celebración civil y religiosa. En efecto, de acuerdo con el artículo 59 del Código civil "*el consentimiento matrimonial podrá prestarse en la forma prevista por una confesión religiosa inscrita, en los términos acordados con el Estado o, en su defecto, autorizados por la legislación de éste*".

Este sistema reconoce y atribuye efectos civiles al matrimonio celebrado en forma religiosa (art. 60 C.c.), siempre y cuando se cumplan los requisitos de capacidad y consentimiento previstos al efecto por la legislación civil. Por lo tanto, la Confesión religiosa únicamente tiene competencia para regular la forma de celebración, siendo el Estado el único legitimado para establecer los elementos constitutivos del matrimonio, sus efectos civiles y las causas de nulidad y disolución.

Se otorgan efectos civiles a la forma religiosa de la Iglesia Católica[124], de las Iglesias Evangélicas[125], de la Israelita[126] y de la Islámica[127].

Las personas que deseen contraer matrimonio en la forma evangélica o en la forma israelita, deberán promover, ante el Encargado del Registro Civil correspondiente, el expediente previo al matrimonio, que concluirá con la concesión (o, en su caso, con la denegación) del certificado de capacidad matrimonial de los contrayentes.

Para que dicho matrimonio sea válido deberá celebrarse ante el Ministro de culto competente y dos testigos (al menos) mayores de edad dentro de los seis meses siguientes a la expedición de aquel certificado de capacidad nupcial.

Celebrado el matrimonio, el Ministro de culto oficiante remitirá un ejemplar de la certificación de capacidad matrimonial de los contrayentes en la que habrá extendido diligencia expresiva de la celebración del matrimonio, que contendrá los requisitos necesarios para su inscripción y las menciones de identidad de los testigos, al Encargado del Registro Civil competente para su inscripción[128].

En el caso de celebración del matrimonio en la forma islámica, no se exige que los contrayentes promuevan el expediente matrimonial antes de la celebración del matrimonio, pero sí que acrediten su capacidad nupcial mediante certificación expedida por el Registro Civil correspondiente antes de practicarse su inscripción. En este sentido, los contrayentes pueden optar entre solicitar dicho certificado antes de la celebración del matrimonio, en cuyo caso, emitido en sentido favorable, el matrimonio deberá celebrarse dentro de los seis meses siguientes, o solicitarlo una vez celebrado el matrimonio pero con carácter previo a su inscripción en el Registro Civil. De lo que no cabe duda, por lo tanto, es de que el matrimonio celebrado en forma islámica en ningún caso tendrá acceso al Registro mediante su inscripción sin haberse tramitado el expediente previo, en el que se valorará la capacidad nupcial de los contrayentes y la autenticidad y veracidad de su «consentimiento matrimonial» con arreglo a su ley nacional. Dispone al respecto la Instrucción de la Dirección

---

124 Instrumento de ratificación del Acuerdo entre el Estado Español y la Santa Sede sobre Asuntos Jurídicos, firmado el 3 de enero de 1979 en la Ciudad del Vaticano, BOE núm. 300, de 15 de diciembre de 1979, pp. 28781 a 28782.

125 Ley 24/1992, de 10 de noviembre, por la que se aprueba el Acuerdo de Cooperación del Estado con la Federación de Entidades Religiosas Evangélicas de España (FEREDE), BOE núm. 272, de 12 de noviembre de 1992, pp. 38209-38211.

126 Ley 25/1992, de 10 de noviembre, por la que se aprueba el Acuerdo de Cooperación del Estado con la Federación de Comunidades Israelitas de España (FCI), BOE núm. 272, de 12 de noviembre de 1992, pp. 38211-38214.

127 Ley 26/1992, de 10 de noviembre, por la que se aprueba el Acuerdo de Cooperación del Estado con la Comisión Islámica de España, BOE núm. 272, de 12de noviembre de 1992, pp. 38214-38217.

128 Arts. 7 de las Leyes 24/1992 y 25/1992, de 10 de noviembre, por las que se aprueban los Acuerdos de Cooperación del Estado con la FEREDE y con la FCI, respectivamente.

General de los Registros y del Notariado de 19 de febrero de 1993 *sobre la inscripción en el Registro Civil de determinados matrimonios celebrados en forma religiosa*[129], en su declaración sexta, que «tratándose de matrimonios celebrados en la forma religiosa islámica, si excepcionalmente lo interesados prescinden bajo su responsabilidad del trámite previo de expedición del certificado de capacidad matrimonial, la calificación, con vistas a su inscripción, de la certificación del matrimonio celebrado habrá de abarcar no sólo los requisitos formales de esta certificación, sino también la concurrencia de todos los requisitos de fondo exigidos para la validez civil del matrimonio».

Ya se contraiga el matrimonio en forma evangélica, en forma israelita o en forma islámica, sólo se reconocerán plenos efectos civiles al mismo mediante su inscripción en el Registro Civil, que, como hemos visto, en ninguno de tales supuestos se practicará sin haberse promovido previamente el expediente matrimonial. Las medidas de control a efectos de evitar los matrimonios de conveniencia son las propias, por tanto, del matrimonio celebrado en forma civil.

Así lo ponen de manifiesto las Resoluciones de la Dirección General de los Registros y del Notariado (48ª) de 3 de enero de 2014 y (20ª) de 22 de enero de 2014, de acuerdo con las cuales análogas medidas a las establecidas por las Instrucciones de 9 de enero de 1995 y de 31 de enero de 2006 para evitar la celebración de matrimonios de conveniencia en territorio español, en las que se recuerda la importancia que en el expediente previo a la celebración del matrimonio tiene el trámite de la audiencia personal, reservada y por separado de cada contrayente (arts. 56 C.c. y 247 RRC) entre ellos la ausencia de consentimiento matrimonial, deben adoptarse cuando se trata de inscribir un matrimonio celebrado en España según la forma religiosa de alguna de las Confesiones que tienen suscrito un Acuerdo de Cooperación con el Estado Español legalmente prevista como suficiente por la Ley española (art. 256.2 RRC). El Encargado debe comprobar si concurren los requisitos legales, sin excepción alguna, para la celebración del matrimonio (art. 65 C.c.) y esta comprobación requiere que por medio de la calificación de la certificación expedida y de las declaraciones complementarias oportunas se llegue a la convicción de que no hay dudas de la realidad del hecho y de su legalidad conforme a la ley española. Así lo señala el artículo 256 del Reglamento del Registro Civil, siguiendo el mismo criterio que, para permitir otras inscripciones sin expediente y en virtud de certificación de un Registro extranjero, establecen los artículos 59.2 de la Ley del Registro Civil y 85 del Reglamento del Registro Civil. El citado artículo 256 del Reglamento del Registro Civil remite al artículo 63 del Código civil que, con referencia a los matrimonios celebrados en España en forma religiosa, dispone en su párrafo 2º que "*Se denegará la práctica del asiento cuando de los documentos presentados o de los asientos del*

---

129 BOE núm. 47, de 24 de febrero de 1993, pp. 5881-5883.

Registro conste que el matrimonio no reúne los requisitos que para su validez se exigen en este título", y uno de esos requisitos, esencial para la validez del matrimonio, es la existencia de un auténtico consentimiento (arts. 45 y 73.1 C.c.).

Esta extensión de las medidas tendentes a evitar la inscripción de matrimonios simulados vienen siendo propugnada por la doctrina de la Dirección General de los Registros y del Notariado a partir de su Resolución de 30 de mayo de 1995, debiendo denegarse la inscripción por tanto cuando existan hechos objetivos comprobados por las declaraciones de los propios interesados y por las demás pruebas presentadas, de los que sea razonable deducir según las reglas del criterio humano (art. 386 LEC) que el matrimonio es nulo por simulación.

Muy distinto es el panorama cuando la forma de celebración del matrimonio es la canónica.

En este caso, la realización del expediente previo se encomienda a los Párrocos competentes según las normas del Derecho Canónico, lo cuales normalmente desconocen el contenido o incluso ignoran la existencia de las Instrucciones de la Dirección General de los Registros y del Notariado de 9 de enero de 1995 y de 31 de enero de 2006.

El expediente se tramita de forma rápida, en presencia de ambos contrayentes y sin entrar en detalles por lo que se refiere al reconocimiento de las personas y de autenticidad de su consentimiento. En síntesis, lo normal es que el Párroco no compruebe si los contrayentes reúnen o no los requisitos legalmente establecidos al efecto de evitar los matrimonios de conveniencia. Y el expediente previo, así tramitado, valida y legitima para la celebración del matrimonio en forma canónica.

A lo anterior hay que añadir que, de acuerdo con el artículo VI del Instrumento de ratificación del Acuerdo entre el Estado español y la Santa Sede sobre Asuntos Jurídicos, firmado el 3 de enero de 1979 en la Ciudad del Vaticano, los efectos civiles de este matrimonio canónico se producen *desde su celebración*, si bien para su pleno reconocimiento será necesaria la inscripción del mismo en el Registro Civil, que se practica con la simple presentación de la certificación eclesiástica que afirme la existencia del matrimonio. En resumen, *la simple presentación de dicha certificación eclesiástica produce automáticamente la inscripción del matrimonio.*

Así se recuerda en la Circular de la Dirección General de los Registros y del Notariado de 15 de febrero de 1980 *sobre inscripción en el Registro Civil de los matrimonios canónicos*, en la que se insiste en que el «único título para practicar la inscripción es la simple certificación eclesiástica de la existencia del matrimonio, bien la presenten directamente los interesados, bien sea remitida por el párroco al Registro competente».

El Encargado del Registro Civil deberá practicar la inscripción mediante transcripción de los datos oportunos de la certificación eclesiástica, sin que pueda denegar el asiento a pretexto de que pudiera haber algún error u omisión en las circunstancias exigidas y a salvo lo que dispone el artículo 252 del Reglamento del Registro Civil[130], de acuerdo con el cual "*si los contrayentes han manifestado su propósito de contraer matrimonio en el extranjero con arreglo a la forma establecida por la Ley del lugar de celebración y esta Ley exige la presentación de un certificado de capacidad matrimonial, una vez concluido el expediente con auto firme favorable, entregará a aquéllos tal certificado. La validez de éste estará limitada a los seis meses desde su fecha*".

El Estado no se reserva aquí, a diferencia de lo que sucede en las demás formas de celebración religiosa del matrimonio admitidas, la tramitación del expediente matrimonial previo ante el Encargado del Registro Civil.

Y dado que el matrimonio celebrado en la forma canónica no distingue en la tramitación de su expediente matrimonial según cuál sea la nacionalidad de los contrayentes, resultando indiferente que alguno de ellos o ambos sea extranjero, circunstancia ésta recordemos que en la vía civil justifica la aplicación de las especialidades y requisitos previstos en la Instrucción de la Dirección General de los Registros y del Notariado de 31 de enero de 2006, ello puede dar lugar, y de hecho lo da, a que se utilice esta vía para obviar los requisitos de la Instrucción citada y obtener de modo más sencillo el acceso del matrimonio al Registro civil, celebrando un matrimonio fraudulento con el propósito de obtener alguno de los beneficios que en materia de nacionalidad y extranjería se reconocen a la institución matrimonial[131].

Así las cosas, celebrado matrimonio canónico, el Registrador deberá practicar su inscripción, y sólo podrá atacarse por la vía de la acción de nulidad a ejercitar por uno de los cónyuges, por el Ministerio Fiscal o por un interesado con un interés directo y legítimo. Declarada, en su caso, la nulidad del matrimonio canónico, ello generará la nulidad de su inscripción registral.

Muchas son las ocasiones en las que los contrayentes, ante la negativa de autorización para contraer matrimonio en la vía administrativa, pretenden evitar los controles acudiendo al matrimonio canónico. Tal es el supuesto enjuiciado por la Audiencia Provincial de Ourense (sección 1ª) en su Sentencia 298/2012 de 28 de junio de 2012 (rec. 319/2011); en esta Sentencia se resuelve el recurso de apelación interpuesto contra la Sentencia del Juzgado de Primera Instancia número 1 de Verin de 7 de febrero de 2011 en la que se estimaba la demanda interpuesta por el Ministerio Fiscal y se declaraba nulo el matrimonio celebrado entre los apelantes en forma canónica por entender que se trataba de un matrimonio fraudulento.

---

130 Al respecto *vide* RRDGRN 19 (2ª) de noviembre de 2004, 17 (1ª) de julio de 2009, 29 (2ª) de septiembre de 2009 y 12 (74ª) de mayo de 2014.

131 RODRÍGUEZ TORRENTE, J.: *Los matrimonios simulados: repercusiones canónicas de su tratamiento normativo civil. Matrimonios de complacencia y simulación a la luz de la Instrucción DGRN 31 de enero de 2006*, IDvLex 70940705, pp. 189-225, especialmente pp. 207 a 209.

La Audiencia desestimó el recurso por considerar probado que no existía probada una relación previa de convivencia entre los cónyuges, como pareja, que la cónyuge residía ilegalmente en España siendo así que contraer matrimonio con un residente comunitario, como era el cónyuge, era la única forma de evitar la expulsión, y que **el matrimonio canónico se contrajo después de haberles sido denegada la autorización para contraer matrimonio civil** por considerarse que existían indicios bastantes para considerar que se trataba de un matrimonio de conveniencia. Pese a que tal Resolución podía ser recurrida en apelación, la contrayente se aquietó a tal pronunciamiento y por consiguiente con el contenido de dicha Resolución judicial. **Pretendiendo eludir sus consecuencias por la vía indirecta, contrayendo matrimonio canónico**, que se autorizó por el Párroco tras la instrucción de un breve expediente canónico, incoado dos días antes, fecha en que la orden de expulsión ya era firme. Un supuesto similar se enjuicia por la Audiencia Provincial de Zamora en la Sentencia 18/2015 de 5 de febrero de 2015 (rec. 8/2015); **los apelantes pretenden burlar, de forma no amparable por el Derecho, el contenido y efectos de una Resolución, primero dictada por el Encargado del Registro Civil de Zamora, y posteriormente, vía recurso, por la Dirección General de los Registros y del Notariado, Resolución que deniega el matrimonio civil por entender que se trata de un matrimonio de conveniencia**, y que únicamente cabía dejar sin efecto a través de los medios establecidos por el Ordenamiento jurídico para ello, medios que tal y como consta en la Resolución de la Dirección General de los Registros y del Notariado es a través del correspondiente procedimiento jurisdiccional a interponer ante la jurisdicción ordinaria. Por ello, la forma de actuar los apelantes no sólo es totalmente heterodoxa sino, **amparándose en la dualidad existente en nuestro Ordenamiento jurídico en cuanto a las formas válidas y con iguales e idénticos efectos de celebración de un matrimonio, denegada una de ellas, acuden sin rubor a la otra forma de celebración pretendiendo únicamente los efectos civiles de dicha resolución**, que desde luego han de calificarse espúreos.

Para evitar el uso del matrimonio canónico con esta intención fraudulenta, RODRÍGUEZ TORRENTE, J.[132] propone la adopción de cautelas canónicas que no lesionen el *ius connubii*, como sería la exigencia, en la tramitación del expediente previo matrimonial, de la documentación civil y no sólo de la canónica, o la creación en las curias de un espacio centralizado que con expertos revisen y comprueben los expedientes. Apuesta por la creación de notarías especiales en la curia diocesiana que realicen y supervisen los expedientes cuando en el matrimonio interviene algún elemento de extranjería.

El matrimonio religioso contraído en el extranjero sólo tendrá acceso al Registro Civil español y, en consecuencia, tendrá efectos civiles en España, si la forma elegida

---

132 *Ibidem.*

es la forma canónica. En tal supuesto, se practicará la inscripción del matrimonio con la simple presentación de la certificación expedida por la autoridad religiosa competente y las declaraciones complementarias oportunas, siempre y cuando el Encargado del Registro Civil competente no albergue dudas acerca de la realidad del hecho y de su legalidad conforme a la ley española (art. 256 RRC). En cambio, los matrimonios contraídos en el extranjero en cualquier otra forma religiosa admitida por la ley española, no tendrán acceso al Registro Civil, ya que la Instrucción de la Dirección General de los Registro y del Notariado de 10 de febrero de 1993 *sobre la inscripción en el Registro Civil de determinados matrimonios celebrados en forma religiosa*[133]establece, en su declaración segunda, que «el régimen indicado -de inscripción en el Registro Civil de los matrimonios contemplados por las Leyes 24/1992, 25/1992 y 26/1992, de 10 de noviembre– sólo alcanza a los matrimonios en las respectivas formas religiosas celebrados en España».

El trato en este sentido es absolutamente discriminatorio. Al respecto, entiende MARCHAL ESCALONA, N.[134] que esta discriminación por razón de la forma religiosa elegida para contraer matrimonio no es baladí desde ninguna óptica, pero menos desde la perspectiva iusprivatista, donde nos encontramos con enlaces válidos de acuerdo con lo establecido en los artículos 49 y 50 del Código civil y, en consecuencia, perfectamente inscribibles, a los cuales en cambio se niega plena eficacia por el mero hecho de haberse celebrado en el extranjero. «Es pues en aras de la seguridad jurídica y del tratamiento igualitario por lo que se requiere una solución legal unitaria. En esta sede proponemos la armonización de las normas de Derecho Internacional Privado, aquellas que regulan aspectos sustanciales de la institución matrimonial y las disposiciones registrales en esta materia. Concretamente, la citada Instrucción debe ser interpretada a la luz de los principios y presupuestos establecidos en la Constitución española, criterio hermenéutico y guía para interpretar todas las normas del Ordenamiento jurídico (normas legales y reglamentarias). De esta forma se alcanzaría la igualdad de todas las formas matrimoniales, dando validez a todos los supuestos de Derecho Internacional Privado y en concreto del matrimonio religioso no canónico celebrado en el extranjero».

133 BOE núm. 47, de 24 de febrero de 1993, pp. 5881-5883.

134 *Matrimonio religioso y la Instrucción de 10 de febrero de 1993 de la Dirección General de los Registros y del Notariado*, Diario La Ley, Sección Doctrina, 1996, Ref. D-359, tomo 6, Editorial La Ley, La Ley 12012/2001, p. 8.

3. LA CONVIVENCIA DE HECHO

Las parejas de hecho son también, según se ha dicho, una solución para adquirir ventajas en materia de extranjería, obviando los controles a que se somete el matrimonio.

El artículo 17.4 de la LO 4/2000, de 11 de enero, *sobre derechos y libertades de los extranjeros en España y su integración social*[135], permite la reagrupación familiar de la persona que mantenga con el extranjero residente una relación de afectividad análoga a la conyugal, siempre que dicha relación esté debidamente acreditada y reúna los requisitos necesarios para producir efectos en España. Únicamente podrá agruparse a una persona con la que se mantenga una análoga relación de afectividad, aunque la ley personal del extranjero admita la poligamia en estos vínculos familiares.

En este mismo sentido se manifiesta el artículo 2 del RD 240/2007, de 16 de febrero, *sobre entrada, libre circulación y residencia en España de ciudadanos de los Estados miembros de la Unión Europea y de otros Estados parte en el Acuerdo sobre el Espacio Económico Europeo*, de acuerdo con el cual el presente RD se aplica, cualquiera que sea su nacionalidad, «a la pareja –del ciudadano de un Estado miembro de la Unión Europea o de otro Estado parte en el Espacio Económico Europeo– con la que mantenga una unión análoga a la conyugal inscrita en un registro público establecido a esos efectos en un Estado miembro de la Unión Europea o en un Estado parte del Espacio Económico Europeo, que impida la posibilidad de registro simultáneos en dicho Estado, y siempre que no se haya cancelado dicha inscripción, lo que deberá ser suficientemente acreditado».

Registrarse en un Ayuntamiento como pareja de hecho es un trámite muy sencillo que únicamente precisa de la presentación, en el Ayuntamiento del Municipio en el que esté empadronado al menos uno de los miembros integrantes de la pareja, de un documento que acredite tal circunstancia, que ambos sean mayores de edad, solteros, y que soliciten que se les inscriba como pareja de hecho.

En el procedimiento por el que se constituyen dichas parejas se elude la presencia del Fiscal, con lo que los riesgos de la detección del fraude se reducen considerablemente[136].

Las sospechas fundadas de que la unión de hecho es fraudulenta son motivo bastante para denegar los beneficios pretendidos en materia de nacionalidad y/o extranjería.

---

135 Artículo redactado por el apartado 18 del artículo único de la LO 2/2009, de 11 de diciembre, de reforma de la LO 4/2000, de 11 de enero, *sobre derechos y libertades de los extranjeros en España y su integración social*, vigente dese el 13 de diciembre de 2002.

136 Memoria de Extranjería 2014, apartado 12 *Fiscales de Extranjería y Registro Civil.*

En este sentido, el Tribunal Superior de Justicia de Galicia (Sala Contencioso-Administrativa, sección 1ª), en su Sentencia 558/2015 de 14 de octubre de 2015 (rec. 373/2015), deniega a la demandante de nacionalidad nigeriana la tarjeta de residencia temporal de familiar de ciudadano de la Unión Europea, en calidad de pareja de hecho registrada de un ciudadano español. Se alega al efecto que todas las referencias documentales a esa relación aparecen desvirtuadas a través de lo actuado en el expediente administrativo. Así, de acuerdo con el Informe emitido el 19 de noviembre de 2013 por el Inspector Jefe del Grupo UCRIF de Vigo, se recoge que la pareja de hecho figura relacionada en una investigación desarrollada por la UCRIF de la Brigada de Extranjería, por lo que el Juzgado de Instrucción número 1 de Vigo instruye Diligencias Previa número 6317/12 por delitos relacionados con la trata de seres humanos con fines sexuales. Añade que uno de los detenidos por tales hechos, también nigeriano, se dedicaba a concertar uniones de hecho o matrimonios de conveniencia entre ciudadanos nigerianos en situación irregular y ciudadanos españoles u otros residentes legales en España con el fin de regularizar la situación administrativa de los primeros. Y una de las parejas concertadas se demostró que era la de la demandante, unión que fue registrada en el Registro correspondiente con el objetivo de regularizar la situación de la actora que, en aquellas fechas, tenía en vigor una sanción de expulsión del territorio nacional por tiempo de cinco años decretada por la subdelegación del Gobierno en Córdoba.

Existe en cambio un silencio legislativo en cuanto si la pareja de hecho registrada es o no una vía adecuada para que el miembro extranjero pueda beneficiarse de la reducción del plazo de residencia a un año a efectos de adquirir la nacionalidad española. Nada dice al respecto el artículo 22.2 del Código civil, que únicamente se refiere al cónyuge de español o española.

Al respecto caben dos posibles interpretaciones[137]:

Entender que al referirse al "cónyuge" en el artículo 22.2 del Código civil, el legislador únicamente ha querido ofrecer dicha ventaja a tal institución, en base al brocardo *inclusio unius exclusio alterius (interpretario a contrario).*

El legislador pudo incluir en la reforma operada en el año 1990 (cuando las parejas de hecho eran una realidad en auge) o en la Ley36/2002, de 9 de octubre, entre los beneficiarios de tal reducción de plazo, a los convivientes de hecho, y no lo hizo.

Entender que sí resulta aplicable el artículo 22.2 del Código civil al conviviente de hecho, porque las diferencias que se establezcan entre el matrimonio y las parejas de hecho únicamente pueden estar basadas en causas justificadas inherentes a la institución de que se trate (por ejemplo, las normas que regulan el régimen económico del matrimonio no son aplicables a las parejas de hecho porque en ésta no existe

137 CARRASCOSA GONZÁLEZ, J.: Ob. cit., pp. 29 y 30.

dicho régimen), debiendo protegerse a todo tipo de familia, con independencia del modelo familiar elegido.

De acuerdo con la Sentencia del Tribunal Constitucional 155/1998, de 13 de julio (fundamento jurídico 3º), «el matrimonio y la convivencia extramatrimonial no son situaciones equivalentes (ATC 56/1987) sino realidades jurídicamente distintas, por lo que, en principio, su tratamiento jurídico diferenciado y correlativamente, la diversa atribución de derechos y obligaciones, no es contraria al derecho fundamental a la igualdad que reconoce el art. 14 CE. Concretamente, respecto del legislador la jurisprudencia constitucional ha declarado que le asiste un amplio margen de libre configuración de esas distintas formas de convivencia. No obstante, también hemos advertido que esa libertad de configuración legal no es absoluta. La regulación desigual de lo diferente sólo es constitucionalmente lícita cuando se ajusta a las exigencias derivadas del derecho a la igualdad. Como se declaró en la STC 222/1992, "las diferenciaciones normativas habrán de mostrar, en primer lugar, un fin discernible y legítimo, tendrán que articularse, además, en términos no inconsistentes con tal finalidad y, deberán, por último, no incurrir en desproporciones manifiestas a la hora de atribuir a los diferentes grupos y categorías derechos, obligaciones o cualesquiera otras situaciones jurídicas subjetivas" (fundamento jurídico 6ª)».

A nuestro modesto parecer, la segunda alternativa es la solución que entendemos preferible en aras a no incurrir en aquella "desproporción manifiesta" a la que se refiere el Tribunal Constitucional. En este sentido, entendemos que la *ratio* del artículo 22.2 del Código civil es beneficiar al extranjero unido a español o española por un vínculo estable, ya sea conyugal o de análoga afectividad, con la reducción del plazo de residencia a un año a efectos de adquirir la nacionalidad española por tal concepto. Si bien, para que exista tal identidad de razón del conviviente de hecho al cónyuge, será preciso que aquél acredite la "estabilidad" de su vínculo, lo cual será posible mediante simple presentación de documento que pruebe su inscripción en un Registro Público o su formalización en escritura pública (o de cualquier otra forma susceptible de servir de prueba). Si no fuera posible acreditar tal "estabilidad", no podría entenderse que existe identidad de razón a los efectos que nos ocupan.

Frente al fenómeno del incremento de parejas de hecho ficticias (en detrimento de los matrimonios de conveniencia), las Fiscalías de Tarragona y de La Rioja apuntan, como solución, la centralización, que se concreta no sólo en la supresión de los Registros de parejas de hecho de los Ayuntamientos de pequeñas localidades, sino en el traspaso de los Registros de todos los Ayuntamientos a las Consejerías de Interior de las Comunidades Autónomas. Ello, junto con la posibilidad de cancelar de oficio dichas uniones, permitiría controlar mucho mejor la realidad de dichas relaciones[138].

138 Memoria de Extranjería 2014, apartado 13 *Fiscales de Extranjería y Registro Civil.*

CAPÍTULO VI. CONSECUENCIAS DE LA APRECIACIÓN DE UN MATRIMONIO COMO DE CONVENIENCIA

I. CONSECUENCIAS CIVILES

El matrimonio de conveniencia es nulo por ausencia de consentimiento matrimonial (art. 73.1 C.c.).

En la Jurisprudencia no existe una absoluta unanimidad sobre si los supuestos de matrimonios de conveniencia encuentran su apoyo anulatorio en el artículo 73.1 del Código civil. Algunas Resoluciones precisan que dicho precepto no está pensando en este supuesto, sino en las alteraciones mentales de los contrayentes que inutilizan el necesario consentimiento. Sin embargo, esta postura es minoritaria, pues basta poner en conexión el citado artículo con el artículo 45 del Código civil para decantarnos por la postura mayoritaria, que considera que para que haya matrimonio, para su nacimiento como foco de derecho y deberes, se precisa el consentimiento propio de esa institución: "*No hay matrimonio sin consentimiento*". Por lo tanto, la ausencia del mismo, es decir, de la voluntad de aceptar una relación con proyecto de permanencia, convivencia, fidelidad y ayuda mutua, supondrá la nulidad *in radice* de esa apariencia matrimonial[139].

Dicha nulidad es absoluta, esto es, el matrimonio no surte efecto alguno, salvo los excepcionales que el matrimonio otorga al matrimonio putativo; *ipso iure*, puesto

139 SAP Valencia (sección 10ª) 408/2011 de 30-5-2011, rec. 1042/2010.

que se produce de forma automática, sin perjuicio de su declaración judicial; e insubsanable, en el sentido de que no es posible su convalidación por el transcurso del tiempo ni siquiera por confirmación.

Como afirma la SAP Cádiz de 26 de enero de 2015[140], «la nulidad matrimonial es un remedio excepcional para las crisis matrimoniales (o para su declaración en evitación de fraude) y tan sólo puede apreciarse cuando conste de manera inequívoca la concurrencia de condicionantes susceptibles de integrarse en las previsiones legales. La causa 1ª del artículo 73 del Código Civil, contempla el supuesto de ausencia total de consentimiento, causa en la que puede encajarse la simulación o reserva mental, que exigirá prueba plena de que la única y exclusiva razón para prestar el consentimiento matrimonial es la ya comentada, ajena a la voluntad de crear una sociedad de convivencia personal entre los cónyuges». Por ello, la mayoría de las veces las Audiencias Provinciales resuelven en contra de la nulidad matrimonial, partiendo de la interpretación restrictiva que debe hacerse del concepto de nulidad, dadas sus consecuencias, y en base especialmente a la existencia de relaciones anteriores al matrimonio y de convivencia entre los contrayentes[141].

La apreciación del carácter fraudulento del matrimonio determinará, como sanción, la privación de la nacionalidad española que haya podido adquirirse por motivo de dicho matrimonio, pues de acuerdo con el artículo 25.2 del Código civil, "*La sentencia firme que declare que el interesado ha incurrido en falsedad, ocultación o fraude en la adquisición de la nacionalidad española produce la nulidad de tal adquisición, si bien no se derivarán de ella efectos perjudiciales para terceros de buena fe. La acción de nulidad deberá ejercitarse por el Ministerio Fiscal de oficio o en virtud de denuncia, dentro del plazo de quince años*".

2. CONSECUENCIAS REGISTRALES

Si el carácter fraudulento del matrimonio se aprecia con posterioridad a su inscripción, en sede de Registro Civil procederá la cancelación de los asientos que se hayan practicado con ocasión de aquél (arts. 41 LRC y 163 y 164 RRC).

140 Sentencia 41/2015, rec. 530/2014. En este mismo sentido SAP Santa Cruz de Tenerife 347/2020 de 15 de noviembre de 2010, rec. 456/2010.

141 SAP Málaga (sección 4ª) 410/2014 de 23-9-2014, rec. 364/2012.

3. CONSECUENCIAS ADMIINISTRATIVAS

La Ley 4/2000, de 11 de enero, *sobre derechos y libertades de los extranjeros en España y su integración social* considera como infracción grave, en su artículo 53.2, apartado b), "*contraer matrimonio, simular relación afectiva análoga...cuando dichas conductas se realicen con ánimo de lucro o con el propósito de obtener indebidamente un derecho de residencia, siempre que tales hechos no constituyan delito*", y la castiga, en su artículo 55.1, apartado b), con multa de 501 a 10000 euros.

En el caso de que existan dudas fundadas de que el matrimonio que pretende celebrarse es de conveniencia, únicamente se expedirá un permiso de residencia o una autorización de residencia tras haber hecho las comprobaciones oportunas. Si el matrimonio ya se ha celebrado y se establece *a posteriori* su carácter fraudulento, se retirará, revocará o no renovará el permiso de residencia o la autorización de residencia que el cónyuge extranjero hubiera obtenido por causa del matrimonio[142].

Por lo que se refiere a la reagrupación familiar, la Directiva 2003/86/CE del Consejo de 22 de septiembre de 2003, *sobre el derecho la reagrupación familiar*, sanciona con la denegación de la entrada o con la no renovación del permiso de residencia, según proceda, si se demuestra que el matrimonio se celebró únicamente para que la persona interesada pudiera entrar o residir en un Estado miembro (art. 16.2.b), a cuyo efecto los Estados miembros podrán tener en cuenta si el matrimonio se celebró después de que el reagrupante hubiera obtenido la residencia, y la Ley 4/2000, de 11 de enero, citada en líneas precedentes, exige (art. 17), para poder reagrupar al cónyuge, que el matrimonio no se haya celebrado en fraude de ley.

4. CONSECUENCIAS PENALES

Desde el punto de vista penal, debe partirse de la idea de que contraer matrimonio de conveniencia no constituye, por sí sólo, hecho constitutivo de delito alguno. En efecto, dispone el Tribunal Supremo (Sala 2ª) en Sentencia de 9 de julio de 1997 (rec. 518/1996) que los matrimonios de complacencia, los matrimonios interesados o los matrimonios de conveniencia no pueden dar lugar a falsedad alguna, ni en el celebrante ni en los contrayentes, aunque uno y otro conozcan y consientan las particularidades del acuerdo, del interés o de la ventaja que se quiere obtener con tal unión. Podrá tratarse de un ilícito civil con consecuencias civiles y matrimoniales, mas nunca llegar a la incriminación de tal conducta en el contexto del Código

142 Resolución del Consejo de 4 de diciembre de 1997.

Penal[143]. Las razones o causas de esa unión por conveniencia son múltiples y variadas, dentro de la casuística más original y pintoresca. Por muy extrañas, peculiares o duras que éstas fueren, no cabe hablar de conculcación del Código Penal, sí en cambio de vulneración de normas civiles ciertamente relevantes.

Como se pone de manifiesto en la Memoria de Extranjería de 2014 (apartado 3. *Fiscales de Extranjería y Registro Civil*), desde la perspectiva penal, las Fiscalías Territoriales insisten en la dificultad de perseguir criminalmente estas conductas si no existe falsedad en los documentos presentados ante el Registro Civil para la celebración del matrimonio o, como ha ocurrido en Granada, como delito cometido por funcionario público por ausencia del procedimiento legalmente establecido para la tramitación del matrimonio.

Dicho matrimonio únicamente se analizará por los Tribunales Penales cuando esté conectado a algún delito, entre los cuales deben destacarse, a los efectos del presente trabajo, los siguientes:

1. *Delito de favorecimiento de la inmigración ilegal* del artículo 318 del Código Penal[144], a cuyo tenor:

"1. *El que intencionadamente ayude a una persona que no sea nacional de un Estado miembro de la Unión Europea a entrar en territorio español o a transitar a través del mismo de un modo que vulnere la legislación sobre entrada o tránsito de extranjeros, será castigado con una pena de multa de tres a doce meses o prisión de tres meses a un año.*
Los hechos no serán punibles cuando el objetivo perseguido por el autor fuere únicamente prestar ayuda humanitaria a la persona de que se trate. Si los hechos se hubieran cometido con ánimo de lucro se impondrá la pena en su mitad superior.
2. *El que intencionadamente ayude, con ánimo de lucro, a una persona que no sea nacional de un Estado miembro de la Unión Europea a permanecer en España, vulnerando la legislación sobre estancia de extranjeros será castigado con una pena de multa d tres a doce meses o prisión de tres meses a un año.*
3. *Los hechos a los que se refiere el apartado 1 de este artículo serán castigados con la pena de prisión de cuatro a ocho años cuando concurra alguna de las circunstancias siguientes:*

143 También STS (Sala de lo Contencioso) 5 de julio de 2006, rec. 4414/2002.

144 Redactado por el número 170 del artículo único de la LO 1/2015, de 30 de marzo, por la que se modifica la LO 10/1995, de 23 de noviembre, del Código Penal.

a. *Cuando los hechos se hubieran cometido en el seno de una organización*[145] *que se dedicare a la realización de tales actividades. Cuando se trate de los jefes, administradores o encargados de dichas organizaciones o asociaciones, se les aplicará la pena en su mitad superior, que podrá elevarse a la inmediatamente superior en grado.*
b. *Cuando se hubiera puesto en peligro la vida de las personas objeto de la infracción, o se hubiera creado el peligro de causación de lesiones graves.*

4. *En las mismas penas del párrafo anterior y además en la de inhabilitación absoluta de seis a doce años, incurrirán los que realicen los hechos prevaliéndose de su condición de autoridad, agente de ésta o funcionario público.*
5. *Cuando de acuerdo con lo establecido en el artículo 31 bis una persona jurídica sea responsable de los delitos recogidos en este Título, se le impondrá la pena de multa de dos a cinco años, o la del triple al quíntuple del beneficio obtenido si la cantidad resultante fuese más elevada.*

---

145 En orden a qué debe entenderse por *organización delictiva*, el artículo 318 CP es tributario del concepto legal descrito en los artículo 570 bis (introducido por la LO 5/2010, de 22 de junio en cumplimiento de la Decisión Marco de la UE 2008/841 JAI de 24 de octubre y la Convención de Naciones Unidas contra la delincuencia organizada transnacional de 15 de noviembre de 2000), de manera que la aplicación del tipo agravado requiere que pueda predicarse de las personas que cometan un delito determinado que reúnen los requisitos contenidos en la definición legal de *organización criminal*, esto es, que se trate de una "*agrupación formada por dos o más personas con carácter estable o por tiempo indefinido, que de manera concertada y coordinada se repartan diversas tareas o funciones con el fin de cometer delitos...*" (art. 50 bis 1, párr.. 2º), en la que se distingue, a efectos de pena, entre "*quienes la promovieren, constituyeren, organizaren, coordinaren o dirigieren*" y entre quienes "*participaren activamente en la organización, formaren parte de ella o cooperaren económicamente o de cualquier otro medio en la misma*".

Para que pueda hablarse de *organización* deben concurrir los siguientes elementos (SSTS 322/2013 de 16-4-2013 y 157/2014 de 5-3-2014): existencia de una estructura más o menos normalizada y establecida en alguna medida jerárquicamente; empleo de medios de comunicación no habituales; pluralidad de personas previamente concertadas; distribución diferenciada de taras o reparto de funciones; existencia de una coordinación; y estabilidad temporal suficiente para la efectividad del resultado jurídico apetecido.

Debe distinguirse de la *organización criminal* el *grupo criminal* que define el artículo 570 ter como "*la unión de dos o más personas que, sin reunir alguna o algunas de las características de la organización criminal definida en el artículo anterior, tenga por finalidad o por objeto la perpetración concertada de delitos o la perpetración concertada de faltas*".

La Doctrina y la Jurisprudencia coinciden en definir el *grupo* como residual de la *organización*. Las únicas notas diferenciales que se perciben de la comparación de la regulación legal de una y otra forma de delincuencia organizada es la existencia de una estabilidad temporal y funciones diferenciadas entre sus miembros con dirigentes, coordinadores o constituyentes y simples cooperadores económicos o partícipes activos en la *organización criminal*, requisitos que no requiere el denominado *grupo criminal* para el que basta el concierto de dos o más personas con la finalidad de cometer delitos.

6. *Los Tribunales, teniendo en cuenta la gravedad del hecho y sus circunstancias, las condiciones del culpable y la finalidad perseguida por éste, podrán imponer la pena inferior en un grado a la respectivamente señalada".*

En investigaciones desarrolladas en Barcelona, los matrimonios de conveniencia se integran dentro de las redes de trata de personas, enmarcándose en la denominada fase de regularización de la víctima, siendo un aspecto clave en el equilibrio económico de la banda al evitar la expulsión de la víctima y formar un entramado negocial propio que reparte importantes beneficios a la red.
El modus operandi es proponer a ciudadanos españoles contraer matrimonio con la víctima o generar ficticiamente parejas de hecho ofreciendo a dichos ciudadanos empadronarse en una dirección que no es la suya y en la que no vivía, fingir ante las Autoridades nacionales que son pareja de hecho de mujer nigeriana en situación irregular a las que no conocían de nada, obtención del Ayuntamiento de la certificación de pareja de hecho y, por último, la concesión del permiso de residencia. Un miembro de la red es el encargado de localizar los Ayuntamientos con menos burocracia y más flexibles para empadronar y localizar los inmuebles donde se empadronarán a las parejas ficticias[146].

2. *Delito de falsedad del artículo 400 del Código Penal, de acuerdo con el cual si el* matrimonio se celebra incorporando al expediente previo documentación falsificada, se incurrirá en un delito de falsedad en documento oficial, que está castigado con prisión de seis meses a tres años y multa.
   También es delito el uso de documentos, despachos, certificaciones o documentos de identidad por quien no esté autorizado al efecto.
   De acuerdo con el Tribunal Supremo, los requisitos del delito de falsedad en documento público (u oficial) son[147]:

   a. El elemento objetivo o material, propio de toda falsedad, que consiste en la mutación de la verdad por alguno de los procedimientos o formas enumerados en el artículo 390 del Código Penal.
   b. *Que dicha alteración de la verdad recaiga sobre elementos capitales o esen*ciales del documento y tenga suficiente entidad para afectar los normales efectos de las relaciones jurídicas con lo que se excluyen de la consideración delictiva los mudamientos de la verdad inocuos o intrascendentes para la finalidad del documento.

146 Memoria de Extranjería 201, apartado 13 *Fiscales de Extranjería y Registro Civil.*

147 STS 13-5-2004 (sala 2ª), a la que se refiere la SAP Valencia (sección 3ª) 625/2013 de 16-9-2013, rec. 250/2013.

c. El elemento subjetivo o dolo falsario, consistente en la concurrencia en el sujeto activo de la conciencia y voluntad de transmutar la verdad.
Este elemento consiste en la conciencia y voluntad de trastocar la realidad para convertir en veraz lo que no lo es, alterando así los efectos del documento haciéndolo pasar por auténtico en el tráfico jurídico, sin que se exija ninguna otra específica finalidad o propósito[148].

El delito de falsedad no es de propia mano, de manera que hay que distinguir entre:

1. Una autoría material, constituida por el que materialmente efectuó la mutación.
2. Una autoría intelectual o mediata, constituida por el que induce o colabora directamente a la mutación, de acuerdo con el concepto amplio de autor que se contiene en el artículo 28 del Código Penal, que incluye al cooperador necesario, no pudiendo perderse de vista que también es autor el que, conocedor de la falsificación documental, se beneficia de ella en virtud de un concierto previo en caso de autoría plural acreditada.

La Recomendación número 9 de la Comisión Internacional del Estado Civil relativa a la lucha contra el fraude documental en materia de Estado Civil y su Memoria explicativa, adoptadas en Estrasburgo por la Asamblea General de 17 de marzo de 2005, se preocupó de hacer un inventario de los diversos indicios que pueden revelar e identificar el carácter defectuoso, erróneo o fraudulento de un acta del Registro Civil o de un documento presentado. La Resolución clasifica esos indicios en dos grupos:

a. Indicios relacionados con las condiciones en que se elaboró el acta o se redactó el documento:
   1. Existe un intervalo muy largo entre la fecha del acta y la fecha del hecho al que se refiere.
   2. El acta se elaboró transcurrido mucho tiempo desde el hecho al que se refiere y muy poco tiempo antes del trámite para el que se expidió el documento.
   3. El acta se elaboró exclusivamente sobre la base de la declaración de la persona a la que se refiere directamente.

148 SSTS 28-9-1992 (Roj. 19713/1992), 13-10-1992 (rec. 3977/1990), 22-10-1992 (rec. 2362/1990), 26-10-1992 (rec. 208/1991), 2-2-1993 (rec. 10199/1993), 16-10-1995 (rec. 661/1995), 31-12-1996 (rec. 521/1996) y 26-5-1998 (rec. 2454/1997).

4. El acta se elaboró sin disponer de un elemento objetivo que garantizara la realidad del hecho referido en la misma.
5. Existen contradicciones o aspectos inverosímiles entre los diferentes datos consignados en el acta o en el documento.
6. Se trata de un documento expedido por una Autoridad que no tenía en su poder o no tenía acceso al acta original.

b. Indicios derivados de elementos externos del documento:
1. Existen contradicciones o aspectos inverosímiles entre los datos del documento presentado y los que figuran en otras actas o documentos comunicados a la Autoridad competente o que obren en su poder.
2. Los datos que figuran en el documento presentado no parecen corresponder a la persona a la que se refieren.
3. La Autoridad competente en el asunto ha tenido conocimiento pro medios oficiales de fraudes o irregularidades anteriores imputables al interesado.
4. La Autoridad competente en el asunto ha tenido conocimiento por medios oficiales de numerosas irregularidades en la gestión de los Registros Civiles o la expedición de certificaciones de los Registros del Estado de origen del documento presentado.

3. *Delito contra las relaciones familiares. De conformidad con el artículo 219.1 del* Código Penal, "*El que autorizare matrimonio en el que concurra alguna causa de nulidad conocida o denunciada en el expediente, será castigado con la pena de prisión de seis meses a dos años e inhabilitación especial para empleo o cargo público de dos a seis años*".

Cuando así ocurra, una vez se haya declarado la nulidad del matrimonio por ausencia de auténtico consentimiento matrimonial, deberá solicitarse la deducción del correspondiente testimonio del procedimiento civil y su remisión al Juzgado de Instrucción competente, al efecto de incoar las oportunas diligencias penales.

CAPÍTULO VII. POSIBLES REMEDIOS

A lo largo de este trabajo se ha venido haciendo referencia al constante incremento de los matrimonios de conveniencia. No obstante, se ha advertido sobre la imposibilidad de cuantificar este fenómeno con exactitud. En efecto, no es correcto identificar el número de matrimonios de conveniencia con el número de matrimonios mixtos, porque ello equivaldría a considerar que todos los matrimonios en los que alguno de los contrayentes es extranjero lo son de conveniencia; tampoco pueden restringirse a los declarados nulos por tal motivo, porque además de éstos, con seguridad habrá otros muchos que pese a haber sido contraídos con una clara intención de fraude en materia de nacionalidad o de extranjería hayan logrado escapar a los controles administrativos.

También se ha dicho que la preocupación por dicho incremento cuantitativo motivó la reacción de la Dirección General de los Registros y del Notariado a través de la aprobación de dos Instrucciones y de innumerables Resoluciones que las aplican e interpretan. En concreto, la Instrucción de 9 de enero de 1995 *sobre expediente previo al matrimonio cuando uno de los contrayentes está domiciliado en el extranjero*, que se configura como un mecanismo de control preventivo y previo, no sólo de la capacidad nupcial, sino también de la existencia y de la autenticidad del «consentimiento matrimonial», y la Instrucción de 31 de enero de 2006 *sobre los matrimonios de complacencia*, en la que se ofrecen a los Encargados de los Registros Civiles españoles, tanto en España como en el extranjero, directrices para abordar el tratamiento jurídico de los matrimonios de conveniencia.

Mas el uso, a partir de los años 90, de vías de escape a dichos controles, tales como el matrimonio canónico y la convivencia de hecho, en las que se evita el trámite de la audiencia previa y por separado de los contrayentes ante el Encargado del Registro Civil asistido por el Secretario y la presencia del Fiscal, reduciéndose así considerablemente las posibilidades de detección del fraude, revela la insuficiencia de aquellos controles a efectos de la absoluta erradicación de este tipo de matrimonios, que por el contrario siguen siendo en la actualidad un fenómeno en auge.

La situación expuesta aconseja la realización de algunas reformas legislativas; así:

1. Reformar el "generoso" artículo 22 del Código civil, ampliándose los plazos de adquisición de la nacionalidad española por residencia en base al matrimonio con español o española, hasta que el ciudadano extranjero pruebe que está totalmente integrado en la sociedad española[149].
2. Evitar el uso de la convivencia de hecho como instrumento de elusión del control administrativo establecido para el supuesto de matrimonio, mediante la introducción de mecanismos de control de la realidad de las "parejas de hecho" con elemento extranjero inscritas en los Registros Públicos, estableciendo la necesidad de superar un expediente previo similar el desarrollado en caso de matrimonio con elemento extranjero. Este control, que supondría un endurecimiento de los requisitos exigidos para que pueda procederse a su inscripción en un Registro Público, debe orientarse a la acreditación de la existencia y realidad de dichas uniones.
   En este orden de cosas, y como queda expuesto en la *Memoria de extranjería 2014*[150], la corrección del fenómeno del incremento de parejas de hecho ficticias pasaría, de acuerdo con las Fiscalías de Tarragona y de La Rioja, por la centralización, concretada no sólo en la supresión de los Registros de parejas de hecho de los Ayuntamientos de pequeñas Localidades, sino en el traspaso de los Registros de todos los Ayuntamientos a las Consejerías de Interior de las Comunidades Autónomas. Ello, junto a la posibilidad de cancelar de oficio dichas uniones, permitiría controlar mucho mejor la realidad de dichas relaciones.
3. Controlar igualmente la utilización fraudulenta del matrimonio canónico como vía de escape al control administrativo, exigiendo también la celebración, en

149 ORTEGA GIMÉNEZ, A.: *España: El problema de los denominados "matrimonios de conveniencia"*, Revista Boliviana de Derecho, nº 17, enero 2014, pp. 92 y 93 y *Los "matrimonios de conveniencia": por la nacionalidad española cualquier cosa*, IDvLex 2459 77421, p. 65.

150 Apartado 13. *Fiscales de Extranjería y Registro Civil.*

este tipo de enlaces, del expediente previo al matrimonio ante el Encargado del Registro Civil.

Los expediente tramitados por Párrocos, de forma rápida y en presencia de ambos contrayentes, en los cuales no se comprueba si éstos reúnen o no los requisitos legalmente establecidos al efecto de evitar los matrimonios de conveniencia, determinan que el matrimonio canónico sea considerado como una vía de escape rápida y fácil del control administrativo.

De este modo, además, se cerraría el debate que existe sobre el distinto tratamiento que a estos efectos recibe la Iglesia Católica y el resto de Iglesias (evangélica, israelita e islámica) con Acuerdo firmado con el Estado Español.

4. Endurecer los presupuestos para la obtención del permiso de residencia a que tienen derecho los nacionales de terceros estados que contraen matrimonio o se unen como "pareja de hecho" con un ciudadano español o de otro Estado Miembro de la Unión Europea, de suerte que no baste con la mera acreditación de la existencia del vínculo matrimonial o de la estabilidad de la unión.

   A tales efectos, sería conveniente la exigencia de la prueba de la existencia y de la autenticidad del vínculo o de la unión, es decir, de su carácter no fraudulento, así como de la realidad de la convivencia.

5. Este mismo endurecimiento de presupuestos debe predicarse en orden a la obtención de un visado por reagrupación familiar por parte de cónyuges de nacionales de terceros Estados con residencia legal en España.

CAPÍTULO VIII. CONCLUSIONES

1. Los matrimonios de conveniencia, de complacencia o blancos son aquellos matrimonios en los que interviene algún elemento de extranjería y cuyo objetivo es, previo acuerdo de los contrayentes, no el de fundar una familia (fin propio y específico de la institución matrimonial), sino el de beneficiarse el cónyuge extranjero, en fraude de ley, de las ventajas reconocidas en los ámbitos de la nacionalidad y la extranjería al cónyuge del nacional español o del extranjero residente en España.
   Esta instrumentalización del matrimonio constituye un fraude de ley a aquellas normas sobre nacionalidad y extranjería y fomenta la inmigración ilegal.

2. Mediante este tipo de enlaces se pretende fundamentalmente, por parte del contrayente extranjero, adquirir de modo acelerado la nacionalidad española, obtener un permiso de residencia en España o lograr la reagrupación familiar. Por su parte, el "otro" contrayente puede actuar en base a cualquier tipo de motivación, ya sea económica, ya humanitaria o emocional.

3. Los matrimonios de conveniencia generan importantes consecuencias, tanto en el ámbito del Derecho Privado como en la esfera del Derecho Público, que aconsejan su absoluta erradicación. Pero esta erradicación no permite la adopción de soluciones radicales; antes al contrario, su tratamiento jurídico

debe conjugar dos elementos: la lucha contra estos matrimonios falsos o aparentes y el respeto del *ius connubii*.
La solución correcta aconseja una previa determinación de la intención fraudulenta de los contrayentes, de suerte que ante la duda debe prevalecer el *ius connubii*. Sólo si es posible demostrar la intención fraudulenta de los contrayentes será posible denegar la celebración del matrimonio o su inscripción en el Registro Civil.

4. La presencia de al menos un elemento de extranjería justifica que el tratamiento jurídico de los matrimonios de conveniencia se ubique en el marco del Derecho Internacional Privado.
El Derecho Internacional Privado español ofrece una defectuosa e incompleta regulación de matrimonio. En efecto, únicamente alude a la ley aplicable a los «efectos del matrimonio» y a la ley aplicable para determinar la validez de los pactos o capitulaciones por los que se estipule, modifique o sustituya el régimen económico del matrimonio. No ofrece, en cambio, una norma de conflicto que indique específicamente la ley aplicable al consentimiento matrimonial, ni los criterios que deberán tenerse en cuenta para determinar si el matrimonio que pretende celebrarse o inscribirse es de conveniencia.
Las citadas deficiencias justificaron la intervención en la materia de la Dirección General de los Registros y del Notariado a través de las Instrucciones de 9 de enero de 1995 y de 31 de enero de 2006 y de innumerables Resoluciones que las aplican e interpretan.
El consentimiento matrimonial se someta a la ley nacional de los contrayentes al tiempo de celebrarse el matrimonio, que será la que determine si el consentimiento es aparente o real, sus vicios, los efectos del consentimiento viciado o simulado, el plazo para el ejercicio de las acciones y las personas legitimadas.
Se establecen dos medidas de control de la realidad o falsedad del matrimonio: un control preventivo, con el objetivo de evitar la celebración de matrimonios de conveniencia, en el que se potencia y se eleva a fundamental, dentro del expediente previo al matrimonio, el trámite de audiencia previa, reservada y por separado de los contrayentes, y un control represivo o sancionador, cuyo propósito es evitar la inscripción de un matrimonio ya celebrado que revista clara apariencia de ser un matrimonio de conveniencia.

5. La denegación de la autorización para la celebración del matrimonio o de su inscripción en el Registro Civil, precisa de una certeza racional absoluta por parte del Encargado del Registro Civil acerca de la ausencia del consentimiento

matrimonial, no siendo suficientes las meras sospechas ni las apreciaciones subjetivas.

Dado que normalmente no existen pruebas de la voluntad simulada de los contrayentes, procede acudir al sistema de presunciones judiciales.

De acuerdo con la Instrucción de 31 de enero de 2006, dos son los datos básicos de los que cabe inferir la simulación del «consentimiento matrimonial»:

- El desconocimiento, claro, evidente y flagrante, de los datos personales y/o familiares básicos del otro contrayente. Dichos datos no responderán, en ningún caso, a una lista tasada, sino que dependerán de cada caso concreto, no siendo suficiente el desconocimiento de un dato único y aislado.
- La inexistencia de relaciones previas entre los contrayentes. Dato que quedará desvirtuado por el hecho de que los contrayentes vivan juntos, tenga un hijo o lo estén esperando.

6. A partir de los años 90, en que se ha ido incrementando el control estatal de forma progresiva sobre los matrimonios con elemento extranjero, de forma casi inmediata y paralela, ha aumentado el número de matrimonios canónicos y de parejas de hecho con elemento extranjero con el propósito de eludir el mencionado control estatal. Se acude al matrimonio canónico por ser una vía de inscripción del matrimonio más sencilla que la exigida por el Estado para el matrimonio puramente civil; y se acude a la institución de las parejas de hecho porque lo único que se precisa a efectos de que se produzca una asimilación al matrimonio en orden a obtener los beneficios previstos para éste en los ámbitos de la nacionalidad y de la extranjería es la prueba de una estabilidad en la pareja, para lo cual será suficiente, por ejemplo, con presentar copia de su inscripción en un Registro Público o acreditar su formalización en escritura pública. En ambos supuestos se evita el duro trámite de la audiencia previa y por separado de los contrayentes ante el Encargado del Registro Civil asistido por el Secretario, trámite éste que debidamente encauzado puede resultar decisivo en la determinación de un matrimonio como de conveniencia. Del mismo modo, se elude la presencia del Fiscal, con lo que los riesgos de la detección del fraude se reducen considerablemente.

7. La valoración de un matrimonio como de conveniencia determinará la privación de la nacionalidad española que se haya podido adquirir con motivo de tal matrimonio, y dará lugar, en su caso, a la cancelación de los asientos registrales que se hayan podido practicar.

   Si el objetivo fue la consecución de un permiso de residencia, éste se retirará, revocará o no renovará.

El matrimonio de conveniencia constituye un ilícito civil, pero no un delito penal. Este tipo de enlaces únicamente serán analizados por los Tribunales Penales si están conectados a algún delito (por ejemplo, delito de favorecimiento de la inmigración ilegal, delito de falsedad o delito contra las relaciones familiares).

JURISPRUDENCIA

SENTENCIAS DEL PLENO DEL TRIBUNAL DE JUSTICIA (CE)

- 25 de julio de 2008 (nº C-127/2008)

SENTENCIAS DEL TRIBUNAL SUPREMO

- 29 de mayo de 1970
- 9 de julio de 1997, rec. 518/1996
- 22 de noviembre de 1977
- 19 de septiembre de 1988
- 28 de septiembre 1992, Roj. 19713/1992
- 13 de octubre de 1992, rec. 3977/1990
- 22 de octubre de 1992, rec. 2362/1990
- 26 de octubre de 1992, rec. 208/1991
- 2 de febrero de 1993, rec. 10199/1993
- 16 de octubre de 1995, rec. 661/1995
- 31 de diciembre de 1996, rec. 521/1996
- 26 de mayo de 1998, rec. 2454/1997
- 24 de abril de 1999, rec. 8455/1994
- 12 de noviembre de 2002, rec. 4857/1998
- 13 de mayo de 2004
- 5 de julio de 2006, rec. 4414/2002
- 1 de junio de 2010, rec. 114/2007
- 18 de julio de 2012, rec. 6444/2011
- 16 de abril de 2013, rec. 322/2013
- 5 de marzo de 2914, rec. 157/2014
- 25 de abril de 2014, rec. 10/2013
- 25 de julio de 2014, rec. 2995/2013
- 27 de julio de 2014, rec. 2995/2013

SENTENCIAS DEL TRIBUNAL CONSTITUCIONAL

- Sentencia 169/1986 de 22 de diciembre de 1986
- Sentencia 155/1998, de 13 de julio de 1998

SENTENCIAS DE LA AUDIENCIA NACIONAL

- 31 de octubre de 2000, rec. 770/1990
- 31 de octubre de 2000, rec. 891/1999
- 27 de junio de 2002, rec. 487/2001
- 25 de febrero de 2003, rec. 569/2001
- 26 de mayo de 2011, rec. 687/2009
- 31 de enero de 2013, rec. 367/2012
- 17 de marzo de2015, rec. 2024/2013

SENTENCIAS DE LAS AUDIENCIAS PROVINCIALES

- AP Murcia 303/2001 de 19 de junio de 2001, rec. 45/2001
- SAP León 220/2002 de 19 de junio de 2002, rec. 29/2002
- A P Barcelona 24 de marzo de 2003
- AP Almería 12/20014 de 21 de enero de 2004, rec. 335/2003
- AP Málaga 150/2004 de 27 de febrero de 2004, rec. 331/2003.
- AP Barcelona 518/2004 de 30 de junio de 2004, rec. 801/2003
- AP Barcelona 789/2005 de 1 de diciembre de 2005, rec. 194/2995
- AP Santa Cruz de Tenerife 347/2010 de 15 de noviembre de 2010, rec. 456/2010
- AP La Rioja 67/2011 de 7 de marzo de 2011, rec. 461/2010
- AP Ourense 126/2011, de 8 de abril de 2011, rec. 715/2010
- AP Ourense 298/2012 de 28 de junio de 2012, rec. 319/2011
- AP Pontevedra 221/2013 de 8 de mayo de 2013, rec. 51/2013
- SAP Valencia 625/2013 de 16 de septiembre de 2013, rec. 250/2013
- AP Sevilla 214/2014 de 17 de julio de 2014, rec. 5510/2014
- AP Málaga 410/2014 de 23 de septiembre de 2014, rec. 364/2012
- SAP Álava 13/2005 de 25 de enero de 20015, rec. 350/2004
- SAP Cádiz 41/2015nde 26 de enero de 2015, rec. 530/2014
- AP Zamora 18/2015 de 5 de febrero de 2015, rec. 8/2015
- AP Vizcaya 190/2015 de 30 de marzo de 2015, rec. 526/2014
- AP Santa Cruz de Tenerife 243/2015 de 13 de mayo de 2015, rec. 192/2014
- AP Málaga 49/2014 de 14 de septiembre de 2015, rec. 47/2015

SENTENCIAS DE LOS TRIBUNALES SUPERIORES DE JUSTICIA

- STSJ Madrid 359/2002 de 14 de marzo de 2002, rec. 504/2000
- STSJ Madrid 318/2005 de 1 de marzo de 2005, rec. 1372/2002
- STSJ Madrid 1262/2008 de 17 de julio de 2008, rec. 409/2007
- STSJ Madrid 978/2010 de 5 de noviembre de 2010, rec. 1314/2009
- STSJ Madrid 278/2011 de 25 de marzo de 2011, rec. 295/2010
- STSJ Madrid 8/2012 de 13 de enero 2012, rec. 615/2010
- STSJ Madrid 426/2012 de 11 de mayo de 2012, rec. 540/2011
- STJ Madrid 1029/2012 de 14 de septiembre de 2012, rec. 1275/2011
- STSJ Madrid 1198/2012 de 5 de octubre de 2012, rec. 247/2012
- STSJ Madrid 51468/2011 de 16 de noviembre de 2012, rec. 896/2011
- STSJ Madrid 10/2012, de 13 de enero de 2013, rec. 955/2010
- STSJ Madrid 42/2013 de 18 de enero de 2013, rec. 1295/2012
- SSTSJ Madrid 73/2013 de 25 de enero de 2013, rec. 1296/2012
- STSJ Madrid 375/2013 de 15 de marzo de 2013, rec. 1687/2012
- STSJ Madrid 130/2014 de 21 de febrero de 2014, rec. 557/2013
- STSJ Madrid 409/2014 de 16 de junio de 2014, rec. 1665/2013
- STSJ Madrid 509/2014 de 22 de julio de 2014, rec. 2075/2013
- STSJ Madrid 656/2014 de 8 de octubre de 2014, rec. 106/2014
- STSJ Madrid 660/2014 de 10 de octubre de 2014, rec. 200/2014
- STSJ Madrid 849/2014 de 15 de diciembre de 2014, rec. 230/2014
- STSJ Madrid 399/2005 de 13 de abril de 2005, rec. 3901/2001
- STSJ Madrid 403/2015 de 11 de mayo de 2015, rec. 1153/2014
- STSJ Madrid 787/2015 de 17 de julio de 2015, rec. 1859/2014
- STSJ Madrid 791/2015, de 20 de julio de 2015, rec. 1842/2014
- STSJ Madrid 813/2015 de 24 de julio de 2015, rec. 1876/2014
- STSJ Galicia 558/2015 de 14 de octubre de 2015, rec. 373/2015

RESOLUCIONES DE LA DIRECCIÓN GENERAL DE LOS REGISTROS Y DEL NOTARIADO

- 7 de junio de 1992
- 9 de octubre de 1993
- 3 de diciembre de 1993
- 27 de mayo de 1994
- 30 de mayo de 1995
- 25 de septiembre de 1995
- 22 de noviembre de 1995

- 27 (3ª) de abril de 1996
- 26 (1ª) de junio de 1996
- 18 (3ª) de octubre de 1996
- 4 (5ª) de marzo de 1998
- 6 (2ª y 4ª) de julio de 1998
- 18 (4ª) de enero de 1999
- 10 (11ª) de junio de 1999
- 2 de octubre de 1999
- 6(1ª) de noviembre de 2000
- 14 de diciembre de 2000
- 26 (1ª) de noviembre de 2001
- 24(3ª) de mayo de 2002
- 4 (7ª) de diciembre de 2002
- 15 (3ª) de junio de 2004
- 15 (2ª) de septiembre de 2004
- 19 (3ª) de octubre de 2004
- 27 (3ª) de octubre de 2004
- 19 (2ª) d noviembre de 2004
- 24 (3ª) de enero de 2005
- 13 (3ª) de junio de 2005
- 7 (1ª) de julio de 2005
- 2 (1ª) de septiembre de 2005
- 6 (4ª) de septiembre de 2005
- 29 (4ª) de diciembre de 2005
- 14 (2ª, 5ª y 6ª) de noviembre de 2006
- 29 (2ª y 5ª) de diciembre de 2006
- 27 (1ª y 2ª) de diciembre de 2007
- 25 (1ª, 3ª y 4ª) de enero de 2008
- 28 (2ª) de noviembre de 2008
- 25 (8ª) de febrero de 2009
- 23 (8ª) de abril de 2009
- 17 (1ª) de julio de 2009
- 29 (2ª) de septiembre de 2009
- 1 (4ª) de marzo de 2010
- 3 (3ª) de enero de 2014
- 22 (20ª) de enero de 2014
- 12 (74ª) de mayo de 2014
- 27 (6ª) de noviembre de 2014
- 28 (1ª) de noviembre de 2014

BIBLIOGRAFÍA

TEXTOS NORMATIVOS

- AGUILAR BENÍTEZ DE LUGO, M. y GRIEDER MACHADO, H.: El matrimonio de conveniencia, Boletín del Ministerio de Justicia, Estudios, 2000, ISSN 0211-4267, nº 1879.
- ALBALADEJO GARCÍA, M.: Curso de Derecho Civil, IV, Derecho de Familia, 8ª ed., José Mª Bosch Editor, Barcelona, 1997, pp. 31 y 52.
- ÁLVAREZ GONZÁLEZ, S.: Nota a la Resolución-Circular de la DGRN de 29 de julio de 2005 sobre matrimonios civiles entre personas del mismo sexo, REDI, 2005, vol. LVII, pp. 1007-1012, en concreto p. 1012.
- Matrimonio de conveniencia: argumentos vergonzantes y paradojas inocuas, Dereito, vol. 16, nº 1, 29-51 (2007), ISSN 1132-9947, pp. 37 y 38.
- ÁLVAREZ RODRÍGUEZ, A.: Matrimonios mixtos simulados: mecanismos de sanción, Boletín de los Colegios de Abogados de Aragón, año XXXV, nº 136, 1995.
- AMORES CONRADI, M.A.: Comentarios del Código civil, Ministerio de Justicia, Madrid, 1991.
- ARECHEDERRA ARANZADI, L.I.: Ius nubendi y simulación matrimonial (Comentario a la RDGRN de 30 de mayo de 1995), Derecho Privado y Constitución, núm. 7, sept-dic 1995.

- ARENAS GARCÍA, E.: Crisis matrimoniales Internacionales. Nulidad matrimonial, separación y divorcio en el Nuevo Derecho Internacional Privado español, Universidad de Santiago de Compostela, 2004.
- ARENAS GARCÍA, R.: Algunos problemas relativos al consentimiento matrimonial en los supuestos internacionales (matrimonios blancos y matrimonios convenidos en DIPr.), en V. ALMADA MOZETIC/J. SOLÉ RESINA (org.): Reflexões e Dimensões do Direito, Curitiba, Brasil, Multideia, 2011.
- CALVO CARAVACA, A.L. y CARRASCOSA GONZÁLEZ, J.: Matrimonio de conveniencia y turismo divorcista: práctica internacional española, Actualidad Civil, Sección Doctrina, 1998, Ref. VI, p. 129, tomo I, Editorial La Ley, La Ley 2340/2001.
- CARRASCOSA GONZÁLEZ, J.: Matrimonios de conveniencia y nacionalidad española, Anales de Derecho, Universidad de Murcia, nº 20, 2002.
- CREMADES GARCÍA, P.: Matrimonios de complacencia: una realidad, Revista de la Facultad de Ciencias Jurídicas y Sociales de Elche, vol. 1º, nº 1, julio 2006.
- DE VARDA BELMONTE, J.R.: La simulación del matrimonio civil en la Jurisprudencia de Instancia y en las Resoluciones de la DGRN, Aranzadi Civil, mayo 2002.
- DÍEZ DEL CORRAL RIVAS, J. Lecciones prácticas sobre Registro Civil, Junta de Decanos de los Colegios Notariales de España, Consejo General del Notariado, Madrid, 1993.
- DÍEZ-PICAZO, L.: Sistema de Derecho Civil, I, 11ª ed., Tecnos, Madrid, 2003
- DÍEZ-PICAZO, L. y GULLÓN BALLESTEROS, A.: Sistema de Derecho Civil, vol. IV, Tecnos, Madrid, 1986.
- FERNÁNDEZ ROZAS, J.C.: Derecho español de la nacionalidad, Tecnos, Madrid, 1987.
- GALA VALLEJO, C.: Matrimonios de conveniencia, El Graduado, Boletín Informativo del Colegio de Graduados Sociales de Madrid, www.elgraduado.es/so/matrimonios_conveniencia.html, Año XVI, nº 50, junio 2006.
- GARCÍA VÁZQUEZ, S. y GOIZUETA VÉRTIZ, J.: El "*ius connubii*" como elemento de controversia constitucional en el marco del Derecho de extranjería: la inconstitucionalidad de los controles sistemáticos por razón de nacionalidad, Anuario da Facultade de Dereito da Universidade da Coruña (AFDUDC), 12, 2008.
- GONZÁLEZ CAMPOS, J.D.: Artículo 49 del Código civil, Comentarios del Código civil, Ministerio de Justicia, Madrid, 1991, p. 277 y Derecho de Familia. El Matrimonio. Derecho Internacional Privado. Parte especial, 6ª ed. rev., Eurolex, Madrid, 1995.

- LACRUZ BERDEJO, J.L.: Elementos de Dereho civil, I, Parte General, vol. 3, 2ª ed., Dykinson, Madrid, 2003.
- LINACERO DE LA FUENTE, M.: La nacionalidad. Comentario a la Ley 36/2002, de 8 de octubre, de modificación del Código civil en materia de Nacionalidad, Libro Homenaje al Profesor Manuel Albaladejo García, T. II, Colegio de Registradores de la Propiedad y Mercantiles de España, Servicio de Publicaciones, Universidad de Murcia.
- MARCHAL ESCALONA, N.: Matrimonio religioso y la Instrucción de 10 de febrero de 1993 de la Dirección General de los Registros y del Notariado, Diario La Ley, Sección Doctrina, 1996, Ref. D-359, tomo 6, Editorial La Ley, La Ley 12012/2001.
- MATEO Y VILLA, I.: De la justificación de las resoluciones administrativas sobre matrimonios de conveniencia, Cuestiones Actuales del Derecho de Familia, dir. por Teresa Echevarría de Rada y coord. por María del Rosario Martín Briceño y David Rafael Guinea Fernández, La Ley, Madrid, 2013.
- OREJUDO PRIETO DE LOS MOZOS, P.: Tratamiento registral de los matrimonios de complacencia: lectura crítica de la Instrucción de la DGRN de 31 de enero de 2006, Diario La Ley, nº 6542, Sección Doctrina, 5 de septiembre de 2006, año XXVII, Ref. D190, Editorial La Ley Abogados de Familia, nº 42, Sección Doctrina, tercer trimestre de 2006 La Ley 2243/2006.
- ORTEGA GIMÉNEZ, A.: España: El problema de los denominados "matrimonios de conveniencia", Revista Boliviana de Derecho, nº 17, enero 2014, pp. 92 y 93 y Los "matrimonios de conveniencia": por la nacionalidad española cualquier cosa, IDvLex 2459 77421.
- OTERO GARCÍA CASTRILLÓN, C.: La capacidad y la simulación en el matrimonio, Libro Homenaje a la Memoria del Prof. Dr. Dn. Rafael Arroyo Montero, Derecho Registral Internacional, Iprolex, Madrid, 2003.
- PALAO MORENO, G.: Nacionalidad y extranjería, Tirant lo Blanch, Valencia, 2001.
- PEÑA BERNALDO DE QUIRÓS, M.: Comentario al artículo 22 del Código civil, Comentarios al Código civil y Compilaciones Forales, dir. por Manuel Albaladejo y Silvia Díaz Alabart, T. I, vol. 3º, Editorial Revista de Derecho Privado, Madrid, 1993.
- PÉREZ DE VARGAS MUÑOZ, J.: Nacionalidad y extranjería: algunos aspectos civiles, BIMJ, 2003.
- PEREZ VALLEJO, A.M.: Notas sobre la ineficacia que deriva de la nulidad de los matrimonios de complacencia, Estudios sobre invalidez e ineficacia, nulidad de los actos jurídicos, Nulidad, Nul.-Estudios (ISSN 1699-3500), Nul.-Comentarios (ISSN 1699/3519), 2006.
- RODRÍGUEZ TORRENTE, J.: Los matrimonios simulados: repercusiones canónicas de su tratamiento normativo civil. Matrimonios de complacencia

y simulación a la luz de la Instrucción DGRN 31 de enero de 2006, IDvLex 70940705.

- RUIZ GUTIÉRREZ, U.: Legislación de Registro Civil en Resoluciones, 3ª ed., Tecnos, Madrid, 1991.
- TORRES DEL MORAL, A.: Principios de Derecho Constitucional español, Servicio de Publicaciones de la Facultad de Derecho de la Universidad Complutense de Madrid, Madrid, 1998.
- TEXTOS NORMATIVOS
- Real Decreto de 24 de julio de 1889 por el que se publica el Código Civil (C.c.).
- Declaración Universal de Derechos Humanos, adoptada y proclamada por la Asamblea General en su resolución 217 A (III), del 10 de diciembre de 1948.
- Convenio de Roma sobre la protección de los Derechos Humanos y de las Libertades Fundamentales hecho en Roma el 4 de noviembre de 1950, BOE núm. 243 de 10 de Octubre de 1979.
- Reglamento del Registro Civil aprobado por Decreto 14 de noviembre de 1958 (RRC).
- Convenio de las Naciones Unidas de 7 de noviembre de 1962 sobre el consentimiento para el matrimonio, la edad mínima para contraer matrimonio y el registro de los matrimonios.
- Convención Internacional sobre la eliminación de todas las formas de discriminación racial, adoptada y abierta a la firma y ratificación por la Asamblea General en su Resolución 2106 A (XX), de 21 de diciembre de 1965.
- Pacto Internacional de Derechos Económicos, Sociales y Culturales, adoptado y abierto a la firma, ratificación y adhesión por la Asamblea General en su resolución 2200 A (XXI), de 16 de diciembre de 1966
- Pacto Internacional de Derechos Civiles y Políticos, adoptado y abierto a la firma, ratificación y adhesión por la Asamblea General en su Resolución 2200 A(XXI) de 16 de diciembre de 1966.
- Recomendación número 2 de la Comisión, adoptada en Viena el 8 de septiembre de 1976, relativa al derecho al matrimonio.
- Constitución Española de 1978 (C.E.)
- Instrumento de ratificación del Acuerdo entre el Estado Español y la Santa Sede sobre Asuntos Jurídicos, firmado el 3 de enero de 1979 en la Ciudad del Vaticano, BOE núm. 300, de 15 de diciembre de 1979, pp. 28781 a 28782.
- Convenio nº 20 de la Comisión Internacional del Estado Civil, firmado en Munich el 5 de septiembre de 1980, relativo a la expedición de un certificado de capacidad matrimonial.
- Ley 30/1981, de 7 de julio, por la que se modifica la regulación del matrimonio en el Código civil y se determina el procedimiento a seguir en las causas de nulidad separación y divorcio, B.O.E. núm. 172, de 20 de julio de 1981.

- Ley 18/1990, de 17 de diciembre, sobre reforma del Código civil en materia de nacionalidad, B.O.E. núm. 302, de 18 de diciembre de 1990.
- Ley 24/1992, de 10 de noviembre, por la que se aprueba el Acuerdo de Cooperación del Estado con la Federación de Entidades Religiosas Evangélicas de España (FEREDE), BOE núm. 272, de 12 de noviembre de 1992, pp. 38209-38211.
- Ley 25/1992, de 10 de noviembre, por la que se aprueba el Acuerdo de Cooperación del Estado con la Federación de Comunidades Israelitas de España (FCI), BOE núm. 272, de 12 de noviembre de 1992, pp. 38211-38214.
- Ley 26/1992, de 10 de noviembre, por la que se aprueba el Acuerdo de Cooperación del Estado con la Comisión Islámica de España, BOE núm. 272, de 12de noviembre de 1992, pp. 38214-38217.
- Ley Orgánica 10/1995, de 23 de noviembre, del Código Penal (C.P.).
- Resolución del Consejo de 4 de diciembre de 1997 sobre las medidas que deberán adoptarse en materia de lucha contra los matrimonios fraudulentos, Diario Oficial n° C 382 de 16/12/1997 p. 0001 - 0002.
- Ley 1/2000, de 7 de enero, de Enjuiciamiento Civil (LEC)
- Ley 4/2000, de 11 de enero, sobre derechos y libertades de los extranjeros en España y su integración social BOE núm. 299, de 12 de diciembre de 2009, pp. 104986-105031.
- Carta de Derechos Fundamentales de la Unión Europea de 18 de diciembre de 2000 (2000/C 364/01).
- Directiva 2003/86/CE, del Consejo, de 22 de marzo de 2003 sobre el derecho a la reagrupación familiar, Diario Oficial de la Unión Europea de 3 de octubre de 2003.
- Recomendación número 9 adoptada en Estrasburgo el 17 de marzo de 2005 relativa a la lucha contra el fraude documental en materia de Estado Civil, hecha pública en España mediante la Instrucción de la Dirección General de los Registros y del Notariado de 20 de marzo de 2006 sobre prevención del fraude documental en materia de Estado Civil, BOE núm. 97, de 24 de abril de 2006, vigente desde el 14 de mayo de 2006.
- Ley 13/2005, de 1 de julio, por la que se modifica el Código civil en materia de derecho a contraer matrimonio, BOE núm. 157, de 2 de julio de 2005.
- Ley 15/2005, de 8 de julio, por la que se modifica el Código civil y la Ley de Enjuiciamiento Civil en materia de separación y divorcio, BOE núm. 163, de 9 de julio de 2005.
- Real Decreto 240/2007, de 16 de febrero, que incorpora a nuestro Ordenamiento jurídico el contenido de la Directiva 38/2004/CE RD 240/2007, de 16 de febrero, sobre entrada, libre circulación y residencia en España de Ciudadanos de los Estados Miembros de la Unión Europea y de otros Estados

parte en el Acuerdo sobre el Espacio Económico Europeo,BOE núm. 51, de 28 de febrero de 2007.

- Ley 20/2011, de 21 de julio del Registro Civil (LRC)

OTROS TEXTOS

- Circular de la Dirección General de los Registros y del Notariado de 15 de febrero de 1980 sobre inscripción en el Registro Civil de los matrimonios canónicos, BOE núm. 47, de 23 de febrero de 1980, pp. 1 y 2.
- Instrucción de la Dirección General de los Registros y del Notariado de 20 de marzo de 1991 sobre nacionalidad (BOE núm. 283 de 26 de marzo de 1991).
- Instrucción de la Dirección General de los Registros y del Notariado de 19 de febrero de 1993 sobre la inscripción en el Registro Civil de determinados matrimonios celebrados en forma religiosa BOE núm. 47, de 24 de febrero de 1993, pp. 5881-5883.
- Instrucción de la Dirección General de los Registros y del Notariado de 9 de enero de 1995 sobre el expediente previo al matrimonio cuando uno de los contrayentes está domiciliado en el extranjero, BOE núm. 21, de 25 de enero de 1995, pp. 2316 y 2317.
- Resolución del Consejo de la Unión Europea de 4 de diciembre de 1997 sobre las medidas que deberán adoptarse en materia de lucha contra los matrimonios fraudulentos Diario Oficial núm. C382 de 16 de diciembre de 1997, pp. 0001 y 0002 (97/C382/01).
- Circular 1/2002, de 19 de febrero, sobre aspectos civiles, penales y contencioso-administrativos de la intervención del Fiscal en materia de extranjería.
- Resolución-Circular de la Dirección General de los Registros y del Notariado de 29 de julio de 2005 sobre matrimonios civiles entre personas del mismo sexo, BOE nº 188, de 8 de agosto de 2005.
- Instrucción de la Dirección General de los Registros y del Notariado de 31 de enero de 2006 sobre los matrimonios de complacencia BOE núm. 41, de 17 de febrero de 2006, pp. 6330 a 6338.
- Comunicación de la Comisión de 2 de julio de 2009 «Orientaciones para una mejor transposición una aplicación de la Directiva 2004/38/CE» COM (2009) 313 final, en lo sucesivo, Directrices de la Comisión de 2009.
- Plan de Trabajo "Acción de la Unión Europea frente a las presiones migratorias-Una respuesta estratégica" aprobado por el Consejo de Justicia y Asuntos de Interior en su reunión celebrada los días 26 y 27 de abril de 2012.

- Informe sobre Usos indebidos del Derecho de reagrupación familiar: matrimonios de conveniencia y falsos reconocimientos de paternidad, elaborado por el Punto de Contacto Nacional de España de la Red Europea de Migraciones (EMN) en mayo de 2012.
- Comunicación de 25 de noviembre de 2013 de la Comisión al Parlamento Europeo, al Comité Económico y Social Europeo y al Comité de las Regiones, sobre libre circulación de los ciudadanos de la Unión Europea y de sus familias: cinco medidas clave COM (2013) 837 final- http://eur-lex.europa.eu/legal-content/ES/TXT7PDF/?uri=CELEX:52013DC0837&rid=1.
- Manual sobre matrimonios de conveniencia.
- Memoria de la Fiscalía de Extranjería del año 2014.

Made in United States
Troutdale, OR
11/03/2026

56844525R00077